D1881719

चेहरे

चेहरे

निदा फ़ाज़ली

वाणी प्रकाशन

वाणी प्रकाशन
4695, 21-ए, दरियागंज, नयी दिल्ली 110 002
शाखा
अशोक राजपथ, पटना 800 004
फ़ोन : +91 11 23273167 फ़ैक्स : +91 11 23275710
www.vaniprakashan.in
vaniprakashan@gmail.com
sales@vaniprakashan.in

CHEHRE
by Nida Fazali

ISBN : 978-93-5000-492-0
Memoirs

© निदा फ़ाज़ली

प्रथम संस्करण 2010
आवृत्ति 2018

मूल्य : ₹395

इस पुस्तक के किसी भी अंश को किसी भी माध्यम में प्रयोग करने के लिए प्रकाशक से लिखित अनुमति लेना अनिवार्य है।

सिटी प्रेस, दिल्ली-110 095 में मुद्रित

वाणी प्रकाशन का लोगो मक़बूल फ़िदा हुसेन की कूची से

समर्पण

उन यादों के नाम,
जो अब शब्दों में चेहरे बन गये हैं

अपनी बात

मेरे ख़याल में सब से मुश्किल काम अपने बारे में लिखना है। हकीकत यह है मैं अपने बारे में ज्यादा नहीं जानता...

समय-समय पर मैं अपनी समझ में जितना आता रहा उसमें लफ्ज़ बनाता रहा लेकिन 23 पुस्तकें लिखने के बाद भी मैं यह कहने के काबिल नहीं हूँ कि मैं स्वयं को पूरी तरह जान चुका हूँ।

जानने पहचानने का यह सफर आखिरी साँस तक चलता रहता है। मेरा सफर अभी जारी है। अपने आपको समझने का शायद अभी काफी रास्ता बाकी है—

ज़िन्दगी का मुकद्दर सफर दर सफर
आखिरी साँस तक बेकरार आदमी

201, सनराइज,
आराम नगर, वरसोवा,
मुम्बई-400061

आपका
निदा फ़ाज़ली

'निदा फ़ाज़ली', अपने फ़न के आईने में

इन दिनों, सय्यद मुक़्तदा हसन, 'निदा फ़ाज़ली', उर्दू दुनिया और हिन्दी जगत के अतिरिक्त, फिल्मी संसार का भी एक दरख़शाँ नाम है, जो सुख़नवर भी है और हुनरवर भी, मोतबर भी है और मुम्ताज़ भी।

निदा फ़ाज़ली ने अपनी क़लम के शीश महल में कितने फ़ानूस (क़न्दील) रौशन किये, इसका ठीक-ठीक अनुमान लगाना आसान नहीं। बहरहाल, उन्होंने गुलिस्ताने शाइरी में ऐसे रंगारंग गुल-बूटे, गुन्चे तथा गुलदस्ते खिलाये, सजाये और महकाये हैं, जो शायद गुलाबो-यासमन और नरगिसो-नसतरन को भी शरमा दें।

निदा फ़ाज़ली की शाइरी में, जहाँ, एलोरा की पहाड़ी गुफाओं का बयान है, अजन्ता के ग़ारों का बयान भी है, मासूम बालकों की मुस्कान है, तो महबूब की अदाओं, वफ़ाओं और जफ़ाओं का वर्णन भी है, बुलबुलों, कुमारियों, तूतियों और कोयलों की चहकार है, वहीं, उनकी नस्र (Prose) में भी, बहारों की रंगीनी, मौसमों की मस्ती, समाजी हालात की संगीनी और अवाम की बेचैनी का वर्णन भी बड़े मन-मोहक अन्दाज़ (Style) में उजागर किया गया है। गोया, निदा फ़ाज़ली की नस्र (गद्य) में भी उनके तर्ज़े तहरीर का, उनके इज़्हारे ख़्याल का और उनके खूबसूरत उसलूब (Style) का अन्दाज़ सबसे जुदा नज़र आता है!

गद्य के मैदान में उन्होंने बहुत पहले 'मुलाक़ातें' दूसरों से अलग हट कर अपने विशेष अन्दाज़ में लिखी थी, इसके पश्चात उन्होंने अपनी दूसरी नसरी तख़लीक़ 'दीवारों के बीच' लिखी। 'चेहरे' उनकी बिल्कुल ताजा नसरी (गद्य) तख़लीक़ (पुस्तक) है।

लगभग बीस वर्ष पूर्व, इसी नाम से मिलती जुलती किताब 'शनासा चेहरे' उर्दू साहित्य के एक प्रसिद्ध लेखक व आलोचक प्रोफेसर मुहम्मद हसन ने लिखी थी जिसमें उन्होंने अपने परिचित शाइरों, अदीबों, पत्रकारों और दूसरे कलमकारों के ख़ाके (Pen Sketches) पेश किये थे। इसके बाद 1994 ई. में उर्दूजगत के प्रसिद्ध व्यंग व हास्य लेखक और ख़ाका निगार मुजतबा हसन ने भी एक किताब लिखी थी, उसका नाम उन्होंने 'चेहरा दर चेहरा' रखा था।

असल में, हमारी दुनिया में चेहरों की कोई कमी नहीं है, न जाने कब कौन लेखक या क़लमकार किसी चेहरे को अपने क़लमी (लेखनी) आइने के सामने खड़ा कर दे।

कहा जाता है कि चेहरा आदमी के व्यक्तित्व का आईना होता है, मनुष्य की हारकात व सकनात, आदात व अतवार तथा किरदार (Character) का असर, उसके चेहरे पर अवश्य नज़र आता है।

बहरहाल, निदा फ़ाज़ली की पुस्तक 'चेहरे' में भी उनके जादुई क़लम की क़लमकारियों की भरपूर झलक लाजवाब है, उन्होंने अपनी इस किताब में ख़ाके और इन्शाइये के उसलूब (Style) में बड़ी जानदार और शानदार तहरीर पाठकों के सम्मुख पेश की है, हक़ीकत यह है कि निदा फ़ाज़ली साहब ने ख़ाका निगारी के फन को अफ़सान्वी तर्ज़ में बड़ी खूबसूरती से आरास्ता किया है। चूंकि इन्सानी-समाज अवाम से ही बनता है, निदा फ़ाज़ली ने हमारी दुनिया और हमारे समाज से वाबस्ता आम लोगों से ही अपने ख़ाकों का मवाद व मसाला प्राप्त किया है।

निदा फ़ाज़ली की एक विशेषता यह भी है कि वह हिन्दू-मुस्लिम एकता के बहुत बड़े पैरोकार हैं। अर्थात "बा मुसलमाँ अल्ला अल्लाह, बा ब्रह्मण-राम राम" उनका मन पसन्द अमल है।

निदा फ़ाज़ली के 'चेहरे' में तमाम किरदार, तमाम वाकिआत, पढ़ने वालों के दिलों को गुदगुदाते हैं, दिमागों को सुरूर देते हैं और उन्हें कुछ समय के लिए इस दुनिया के दुखों, ग़मों और परेशानियों से निजात (मुक्ति) व सुकून बख़्शते हैं। उनकी इस पुस्तक में हर चेहरा ज़िन्दगी की सच्चाइयों का आईना नज़र आता है और जिनमें कोई न कोई चेहरा हमें ऐसा भी मिल जाता है, जो जाना पहचाना सा लगता है, निदा फ़ाज़ली के क़लम की क़लमकारी की यह बहुत बड़ी दलील भी है, मुझे पूरा यकीन है कि इनकी यह किताब भी उर्दू के अतिरिक्त हिन्दी जगत में भी ख़ूब मक़बूल होगी।

प्रो. ख़ालिद हुसैन ख़ाँ
अध्यक्ष उर्दू विभाग मेरठ कॉलिज, मेरठ

प्रो. ख़ालिद हुसैन ख़ाँ ने यह भूमिका मशहूर शाइर 'पापुलर मेरठी' जी के आग्रह पर लिखी है, साथ ही श्री ख़ाँ ने सत्येन्द्र रस्तोगी 'मित्र' को आभार व्यक्त किया है।

—प्रकाशक

अनुक्रम

कुछ यादगार पलों की झालर

Weston
Insight
Weston
PRESENTS
Insight
GEET DOHE
NAZM GHAZALS

हर आदमी में होते हैं दस बीस आदमी
जिसको भी देखना हो, कई बार देखना

निदा फ़ाज़ली

नाख़ुदा-ए-सुख़न

नूह नारवी

दबिस्ताने दाग़ के सफ़े अव्वल के शाइर

"दाग़ ने उनकी यह विशेषता देखकर कहा था—

कलाम इलाही (कुरान) को याद रखने वाले तो बहुत देखे थे,

आज कलामे दाग़ का हाफिज़ भी देख लिया।"

'नाख़ुदा-ए-सुख़न' : 'नूह नारवी'

'ऐज़ाज़े-नूह', 'नूह नारवी' का तीसरा काव्य संग्रह है। इसमें उनकी एक तस्वीर है। वो जामदानी की शेरवानी पहने हाथ में छड़ी लिये बैठे हैं। उनके दायें-बायें दो नौजवान खड़े हैं। तस्वीर के नीचे एक शेर है :

'ऐ नूह! आस-पास मिरे फ़र्रुख़-ओ-सईद
दायीं तरफ सुहैल हैं बायीं तरफ मजीद।'

ये फ़र्रुख़ और सईद उनके नवासे थे, जो खुद भी शेर कहते थे। इनमें छोटे सुहैल तो आख़िरी उम्र के हर मुशायरे में उनके साथ होते थे। ऐज़ाज़े-नूह से पहले नूह साहब के दो काव्य संग्रह 'सफ़ीना-ए-नूह' और 'तूफ़ाने-नूह' के नाम से प्रकाशित हो चुके थे। इनमें हर दीवान (काव्य संग्रह) 'अलिफ़' से 'ये'[1] तक की रदीफ़ों[2] से परिपूर्ण है और मोटाई की दृष्टि से भी सैकड़ों ग़ज़लों को समेटे हुए है।

मैंने उन्हें अपने बचपन में देखा था। अपने घर में! उस वक़्त वो बिल्कुल ऐसे ही थे जैसे 'ऐज़ाज़े-नूह' की तस्वीर में नज़र आते हैं। मेरे वालिद दुआ डिबाइवी उनके इस्लाह प्राप्त शागिर्दों में थे और उनके बाद उनके जानशीन भी हुए थे। उन दिनों गुरु-शिष्य महज़ एक रिवायत ही नहीं थी, रिश्ते की अक़ीदत भी थी। अपने उस्ताद के साथ उनकी श्रद्धा मेरे बचपन की एक ऐसी याद है; जो मैं कभी नहीं भूल सकता।

मेरी वालिदा ने मेरी बड़ी बहन के लिए अपनी बड़ी बहन के मँझले बेटे का चयन किया था। मँगनी की रस्म के लिए लड़के के साथ उसकी माँ देहली से

---

1. उर्दू वर्णमाला का पहला अक्षर अलिफ़ (अ) है और अंतिम ये (य, ई की मात्रा)। पुराने शाइर अपने दीवान का संकलन करते समय इस वर्णमाला के क्रम से ग़ज़लें लिखते थे।
2. अंत्यानुप्रास।

ग्वालियर आयी थीं। रस्म की एक रात पहले, रात को गुफ़्तगू के दौरान उस लड़के ने देहली के किसी मुशायरे का हवाला देते हुए कहा कि नूह साहब को पसन्द नहीं किया गया और मैंने और मेरे साथियों ने उन्हें ख़ूब हूट किया।

अपने होने वाले दामाद के मुँह से अपने उस्ताद की शान में इस गुस्ताख़ी पर उस वक़्त तो वो ख़ामोश रहे। लेकिन दूसरे दिन उन्होंने यह कहकर मँगनी तोड़ दी कि जो लड़का मेरे उस्ताद का एहतिराम नहीं कर सकता, वो मेरी बेटी के लिए कैसे उचित हो सकता है? उनके इस फ़ैसले को न मेरी माँ के आँसू बदल सके न लड़के की लगातार माफ़ी ने तब्दील किया। वो जैसे आये थे, वैसे ही चले गये और दो ज़िन्दगियाँ क़रीब आते-आते अलग-अलग दिशाओं में मुड़ गयीं।

नूह साहब को भी अपने उस्ताद हज़रत दाग़ से ऐसी ही आस्था थी। दाग़ साहब भी जिसको शागिर्द बनाते थे, उससे पहले अपने उस्ताद ज़ौक़, और ज़ौक़ के उस्ताद शाह नसीर की पुण्य प्राप्ति के लिए प्रार्थना करवाते थे और इसी को अपनी गुरुदक्षिणा कहते थे।

नूह साहब को दाग़ का सारा कलाम ज़बानी याद था। उन्हें 'गुलज़ारे-दाग़', 'आफ्ताबे-दाग़', 'फ़रियादे-दाग़', 'महताबे-दाग़' और 'यादग़ारे-दाग़'[1] पूरे के पूरे ज़बानी याद थे। दाग़ ने उनकी यह विशेषता देखकर कहा था: 'कलामे इलाही (कुरान) को याद रखने वाले तो बहुत देखे थे, आज कलामे दाग़ का हाफिज़ भी देख लिया।'

नूह साहब को कलामे दाग़ के अलावा और बहुत से दूसरे उस्तादों का कलाम भी कंठस्थ था। वो शेर कहने के लिए इसे ज़रूरी समझते थे। बाद में वो ख़ुद भी जिसे शागिर्द बनाते थे उससे भी उस्तादों के कम से कम पाँच हज़ार अश्आर (शेरों को) याद करने का अभ्यास करवाते थे। उनके इस मशविरे की अहमियत और कटिबद्धता पहले तो समझ में नहीं आती थी लेकिन बाद में, उम्र के साथ इसके फ़ायदों का अंदाज़ा हुआ। उस्तादों के वे शेर जो ज़बानो-बयान (भाषा एवं कथन) से दुरुस्त और क़ाफ़िया एवं रदीफ़ से चुस्त होते हैं, जब दिमाग़ की कोशिकाओं में बस जाते हैं, तो वो न सिर्फ़ शाइर के काव्य का पथ-प्रदर्शक ही बनते हैं, बल्कि उसे वे शिष्टाचार भी सिखाते हैं, जो साहित्य की विशेषताओं को समझने के लिए अनिवार्य तत्त्व होता है।

नूह साहब की पैदाइश नारा (इलाहाबाद के निकट एक छोटा शहर) के एक जागीरदार मौलवी अब्दुल मज़ीद के यहाँ 18 सितम्बर, 1879 ई. में हुई लेकिन मुश्किल से चार साल के भी नहीं हुए थे कि पिता का साया सर से उठ गया। पिता की अचानक मौत और तीन सौतेली माँओं की मुसलसल शत्रुता ने जागीर को मुसीबतों का गहवारा

1. दाग़ के काव्य संग्रहों के नाम।

बना दिया। इन मुसीबतों को ख़ुशियों में बदलने में काफ़ी अर्सा बीत गया। उनकी शिक्षा इन्हीं उलझनों का शिकार रही। हालात जब अनुकूल हुए तो उन्होंने अपनी मेहनत एवं निरन्तर अध्ययन से इस कमी को पूरा किया और उर्दू, फ़ारसी में अच्छी ख़ासी महारत हासिल की।

नूह नारवी ने अपनी साहित्य-यात्रा का आरम्भ गद्य से किया था। शाइरी की शुरुआत से पहले वे दो नॉविल लिख चुके थे। एक 'सुरैया' और दूसरा 'हाय सितम'। सुरैया तो छप गया, लेकिन दूसरे नॉविल के छपने की नौबत ही नहीं आयी, उन्होंने उसे ख़ुद ही फाड़कर फेंक दिया। इन दो नॉविलों के अलावा उनकी एक और बेनाम किताब है, जिसमें प्रचलन से बाहर किये गये शब्दों की लम्बी सूची के साथ छन्द एवं क़ाफ़ियों (अनुप्रासों) के ज्ञान सम्बन्धी बहसें शामिल हैं। यह किताब भी उनकी काव्य व्यस्तताओं की वजह से तीन सौ पन्नों तक अपूर्ण होकर रह गयी और प्रकाशित नहीं हो सकी।

नूह साहब पाबन्दी से एक निश्चित समय पर शेर कहने के आदी थे। यह वक़्त संध्या एवं रात की नमाज़ (इशा) के बीच में होता था। वे शेर कहते समय पलँग या आराम कुर्सी पर लेटे रहते थे और हुक़्क़े के कशों के साथ शेर होते रहते थे। कभी कोई सेवक जो उस कार्य के लिए नियत था, वह लिखता और कभी वे ख़ुद बार-बार उठकर शेर को काग़ज़ पर उतारते रहते थे। वे एक साथ एक ही ज़मीन में मत्ले और मक़्ते के साथ कम से कम दो-तीन ग़ज़लें कहते थे। एक ही क़ाफ़िया, रदीफ़ और छन्द में एक साथ इतनी ग़ज़लें लिखना उनकी उस्तादी थी।

दाग़ देहलवी के शागिर्दों की संख्या एक हज़ार से ज़्यादा थी। इनमें 'इक़बाल' और 'सीमाब' भी थे, जो दाग़ के शागिर्द होकर भी अपने अंदाज़ और शैली के लिहाज़ से भिन्न थे और वे भी थे जिन्होंने दाग़ की काव्य शैली में उस्तादी के कमाल दिखाये थे। दाग़ का निधन 1905 ई. में हुआ था। उस वक़्त उनके शागिर्दों में उनकी जांनशीनी के हक़दार बहुत से थे। उनमें चंद अहम नाम नारायण प्रसाद मेहर, वहीदुद्दीन, बेख़ुद देहलवी, नसीम भरतपुरी, आग़ा शाइर, गौहर रामपुरी, हुबलालराद, मतीन मछली शहरी, वफ़ा मारहरवी, लभूराम जोश मल्सियानी, बशीर रामपुरी, फ़ज़ले रब बाग़ थे। ये सब उस्ताद शाइर और कई-कई काव्य-संग्रहों के रचयिता थे लेकिन साइल देहलवी ने, जो दाग़ की इकलौती मुँहबोली बेटी के दामाद थे और दाग़ के बाद उनके वारिस, जांनशीनी के इस ताज के लिए जिस शागिर्दे दाग़ का चयन किया गया; वे नूह नारवी ही थे। साइल ने अपने प्रमाण पत्र में लिखा था — "मैं कलामे दाग़ की सही पैरवी और

ज़बाने दाग़ के जानकार शागिर्द हज़रते बुलबुले हिन्दुस्तान जनाब नवाब मिर्ज़ा ख़ान आपको दाग़ का जांनशीन समझते हुए मुबारकबाद देता हूँ।"

नूह नारवी अपनी दक्षता एवं काव्य पूँजी के आधार पर अपने समकालीनों में सबसे ज़्यादा जल्दी कविता कहने वाले थे। जहाँ तक कलामे दाग़ की सही पैरवी और बुलबुले-सुख़न हज़रत दाग़ देहलवी हिन्दुस्तान के अनुसरण का सवाल है, उसके बारे में इतना ही कहा जा सकता है कि 'नूह' दाग़ की शाइरी के उसी रंग के प्रतिनिधि हैं जिसकी तरफ़ 'हाली पानीपती' के एतराज़ पर दाग़ ने इशारा किया था। दाग़ ने कहा था 'मैंने अपनी शाइरी के द्वारा सिर्फ क़िल-ए-मुअल्ला[1] की भाषा की रक्षा की है। उसी को अपनी मंज़िल बनाया है।'' लेकिन दाग़ सिर्फ़ ज़बानो-बयान का चटख़ारा नहीं उसके अलावा भी बहुत कुछ हैं। ये और बात है कि दाग़ के कलाम का ढंग से चयन नहीं हो सका और न उनकी अन्य काव्य विशेषताएँ ही उजागर हो पायीं।

नूह ने इस बहुत कुछ में से दाग़ की ज़बान की सरलता और रोज़मर्रा के शब्दों के प्रयोग को अपना काव्य आधार बनाया और उसी दायरे में उस्तादी का कमाल दिखाया। दाग़ की तरह ज़बान को ज़िन्दगी का आईना नहीं बनाया। कुल मिलाकर नूह की शाइरी का स्वभाव ज़बान की उस्तादी है। मुहावरों की सुन्दर खपाई और क़ाफ़िया रदीफ़ की चौकसाई है। वो कहते हैं :

'आओ मेरी अंजुमन में मगर मैं वहाँ अब नहीं जाने वाला,
कि अक्सर बुलाया, बुलाकर बिठाया, बिठाकर उठाया, उठाकर निकाला।

'गो साथ उठा, साथ चला, साथ फिरा मैं,
साये की तरह फिर भी रहा उनसे जुदा मैं।'

'कभी इश्क में इंकलाब ऐसा आये, मुहब्बत कभी ये तग युर दिखाये,
बदल जाए दिल और दिल हो बदल कर हमारा तुम्हारा, तुम्हारा हमारा।'

'जो वो ग़म न रहा तो वो दिल न रहा, जो वो दिल न रहा तो वो हम न रहे
जो वो हम न रहे तो वो तुम न रहे, जो वो तुम न रहे तो मज़ा न रहा'

नूह साहब अपनी काव्य शैली के ही उस्ताद नहीं थे उनके पढ़ने का अंदाज़ भी उस्तादाना था। वो बैठकर पढ़ते थे। आवाज़ ज़्यादा भारी नहीं थी। लेकिन हाथों के इशारों, आँखों के घुमाव के साथ मिस्रों[2] को उचित जगहों पर ठहराकर आगे बढ़ाते थे। रदीफ़ और क़ाफ़िया बोलते हुए होते थे। दूसरा मिस्रा (पद) आध ही पूरा होता था कि

1. दिल्ली के लाल क़िले में बोली जाने वाली भाषा।

2. एक शेर के दो अलग-अलग पद।

सामईन (श्रोता) बाक़ी का हिस्सा सहसा बोल पड़ते थे और दाद के शोर में नूह साहब बार-बार गर्दन घुमा-घुमा कर हाथ को माथे से लगाते नज़र आते थे। रवाँ-दवाँ चुस्त मिस्रे, ख़नकते हुए क़ाफ़िये, शगुफ़्ता रदीफ़ों, सहजता का ऐजाज़ और उस पर शेर को तस्वीर बना देने का अंदाज़, देखते-देखते मुशायरे में हंगामा बरपा हो जाता था। पहले के उस्ताद सिर्फ़ कलाम में ही संशोधन नहीं करते थे। शागिर्दों को शेर पढ़ने के तौर-तरीक़े भी सिखाते थे। दाग़ साहब के बारे में कहा जाता है कि वो शेर इस तरह सुनाते थे कि शेर ज़बान से निकलते ही सुनने वालों के ज़हनों पर नक़्श हो जाता था। नूह काफ़ी दिनों हैदराबाद में दाग़ के मेहमान रहे थे। उन्होंने उस्ताद के कलाम को ही अपने काव्य की मंज़िल नहीं बनाया बल्कि उनके तहत के अंदाज़ को भी अपनाया था। नूह साहब अपने अंदाज़ और शेर की ड्रामाई (नाटकीय) प्रस्तुति से मुशायरों की क़ामयाबी की ज़मानत समझे जाते थे।

नूह ने दाग़ की ज़बान को ज़्यादा सरल और बोलचाल के क़रीब किया है। उनकी काव्यभाषा प्रामाणिकता का दर्जा रखती है। दाग़ ने उनकी इसी महारत पर उन्हें 'नाख़ुदा-ए-सुख़न' (काव्य का कर्णधार) की उपाधि से सम्मानित किया था। 1904 में दाग़ ने नूह के बारे में लिखा था – 'नूह के कलाम की वक़्अतऐन मेरे कलाम की वक़्अत एवं उनकी इज़्ज़त ऐन मेरी इज़्ज़त है। उन्होंने ऐसी तरक़्क़ी की कि मेरे कलाम में अपना कलाम मिला दिया। मेरे शागिर्द इस बात का ध्यान रखें और वो मेरे मित्र जो मेरे कलाम को पसंद फ़रमाते हैं इनके कलाम को भी इसी निगाह से देखें।'

नूह साहब की दक्षता का ये आलम था कि वो शेर भी नस्र (गद्य) की तरह लिखते थे। एक बार एक मुशायरे में, किसी ने अपनी कापी उनके सामने करते हुए ऑटोग्राफ़ के साथ पता लिखने की प्रार्थना की थी। नूह साहब ने क़लम लेकर बिना सोचे पूरे पते को शेर बना दिया–

'जो आना है उनको तो ऐ नूह आएँ, तरफ़ रास्ता, फ़ासला कुछ न पूछें,
चढ़ें रेल में और पहुँचें सराथों, सराथों से नौ मील दक्ख़न है नारा।'

क़ुदरत ने पैदाइश से रईस बनाया था। आराम और समृद्धि की ज़िन्दगी का असर उनकी शेरगोई पर भी नज़र आता है। जैसा कहा गया है वो पाबंदी से हमेशा शेर कहते थे। शेर बहुत तेज़ कहते थे, कभी संयोग से कहीं अटकते थे, तो ज़्यादा उलझते नहीं थे। पहले मिस्रे में से ही दूसरा मिस्रा निकाल लेते थे और शेर पूरा कर देते थे। उनके इस तरह के कुछ शेर यूँ हैं :

'जिगर की चोट ऊपर से कहीं मालूम होती है,
जिगर की चोट ऊपर से नहीं मालूम होती है।'

'फ़िक्रो-तश्वीश ग़ौर, इश्क़ में क्या,
फ़िक्र तश्वीश ग़ौर, कुछ भी नहीं।'

'जो कुछ भी मिला है वो ख़ुदा ही से मिलेगा,
जो कुछ भी मिला है वो ख़ुदा ही से मिला है।'

वो शुरू से ऊँचा सुनते थे। बढ़ती उम्र में इस मर्ज़ में और इजाफ़ा हुआ। अपनी कमज़ोर श्रवणशक्ति से उन्हें दूसरों के श्रवण पर भी संदेह होने लगा था। इसी संदेह के आधार पर अक्सर शेरों में वे समानार्थक शब्दों को इस तरह खपाते थे कि सुनने वाला चाहे कहीं से सुने शेर का अर्थ स्पष्ट हो जाता था। उनके इस तरह के शेर मुशायरों में बहुत पसंद किये जाते थे :

'आप बहकाने में लोगों के न आया कीजिए,
जाँचा-परखा, देखा-भाला, सोचा-समझा कीजिए।'

'इश्क़ करना नहीं आसान बहुत मुश्किल है,
देख, सुन, सोच कहा मान बहुत मुश्किल है।'

'तेरी तुंदख़ुई[1] तेरी कीनाजोई तेरी कजअदाई[2] तेरी बेवफ़ाई,
बला है, सितम है, ग़ज़ब है क़यामत, दुहाई, दुहाई, दुहाई, दुहाई।'

नूह साहब की काव्य विशिष्टताओं में उनके मक़्ते (ग़ज़ल का आख़िरी शेर जिसमें शाइर अपना उपनाम लिखता है) भी बहुत अहम हैं, मोमिन ख़ां के बाद वो अकेले शाइर थे जो अपने उपनाम के सांकेतिक प्रयोग से मक्तों में नये-नये अर्थ पैदा करते थे। उन्हें अपनी भाषाविज्ञता एवं दाग़ देहलवी का अनुयायी होने पर गर्व था। एक मक्ते में उन्होंने बड़ी ख़ूबसूरती से इसका इज़्हार भी किया था।

'ऐ नूह दमे-तूफ़ाने-सुख़न जाचें परखें याराने-सुख़न,
मैं भी हूँ मुक़ल्लिद[3] दिल्ली का मेरी भी ज़बां टकसाली है।'

□

1. गुस्सैल स्वभाव।
2. बेवफ़ाई, दुश्मनी।
3. अनुकरण करने वाला, अनुयायी।

दिल लखनवी

दिल की धड़कनों के तरजुमान

"वो उन दिनों मुशायरों में नये-नये आये हुए थे और आस-पास के एक-दो मुशायरे लूटकर ही मुशायरों की दुनिया के सुल्ताना डाकू स्वीकार कर लिये गये थे।"

दिल लखनवी

दिल लखनवी को मैंने पहली बार अपने विद्यार्थी जीवन में देखा था। ग्वालियर में दिसम्बर में मेला लगता था। उस मेले में दूसरे कल्चरल प्रोग्रामों के साथ मुशायरा भी होता था। वे इसी मेले मुशायरे में शिरकत करने आये थे। उनकी शोहरत उनके आगमन से पहले स्थानीय कॉलेज के लड़के-लड़कियों तक पहुँच चुकी थी।

बड़े-बड़े पट्टेदार बाल, जिनको सर पर दो भागों में विभाजित करके मांग निकाली गयी थी। सोने के फ्रेम का नाज़ुक चश्मा, जिसके शीशों से झाँकती हुई घनी पलकों वाली आँखें, जो आधे से ज़्यादा होठों का काम करती थीं। हाथ में पान के लिए चाँदी की झिलझिलाती नक्शीन डिबिया, साथ में नीली और लाल रेशम की डोरियों वाला लखनवी बटुआ, जिसकी काली साटन में बहुत सारे चाँद-सितारे रोशन थे। काली सरज की शेरवानी, चूड़ीदार पाजामा। छरहरा कद्दावर बदन, हँसी ऐसी जो पहले आँखों में चमकती थी, फिर होंठों पर कहकहा बनकर देर तक खनकती थी।

वे देखने में शाइर से ज़्यादा किसी जागीर के जागीरदार लगते थे। 'दिल' काफी खुशलिबास आदमी थे। वे अपनी वेशभूषा और अंदाज़ से अलग से पहचाने जाते थे। सर से पाँव तक लखनवी। वाजिद अली शाह के लखनऊ की नज़ाकत, शराफ़त, शरारत, लताफ़त, तबीअत की सारी विशेषताएँ उनमें थीं, वो उन दिनों मुशायरों में नये-नये आये हुए थे और आस-पास के एक दो मुशायरे लूटकर ही मुशायरों की दुनिया के सुल्ताना डाकू स्वीकार कर लिये गये थे। जिगर मुरादाबादी के बुढ़ापे का ज़माना था। दिल जिगर के दौर में ही जिगर के बाद मुतरन्निम (गाने वाले) मुशायरों की तीसरी खेप के प्रतिनिधि शाइर थे।

'जिगर' के फौरन बाद 'हफ़ीज़ जालन्धरी', सागर 'निज़ामी' और बहज़ाद लखनवी ज़्यादा मशहूर हुए। फिर शेरी भोपाली, नशूर वाहिदी, शकील बदायूँनी, सिकंदर अली वज्द और राज़ मुरादाबादी वग़ैराह के मधुर कंठ की धूम रही। दिल लख़नवी जब मुशायरों की शोभा बने; उस वक़्त उनके साथ मुतरन्निम शाइरों में फ़ना निज़ामी कानपुरी, मुज़्तर इंदौरी, राज़ इलाहाबादी, अयाज़ झाँसवी, अनवर मिर्ज़ापुरी, बिस्मिल शाहजहाँपुरी और शाइरात (कवयित्रियों) में याद देहलवी, ज़ोहरा निग़ाह, सहाब कज़ल बाश वग़ैरह थीं। उन सबके तरन्नुम अपने-अपने अंदाज़ के थे। आवाज़ के साथ ही वे शायरी की करामात भी दिखाते थे। उनमें से हर शाइर भाषा और उसकी तहज़ीब से परिचित था। शायरी के क्लासिकी मूल्यों का जानकार था। उनका पेशा भले ही मुशायरे का कारोबार था, मगर वो उस तहज़ीब का भी हिस्सेदार था, जो वली से दाग़ तक का हिसार था। ज़ेहन उस्तादों के कलाम और टकसाली ज़बान से सरशार था। उन दिनों मुशायरों में ऐसे शेर सुने जाते थे :

'उन्हें देखने की तमन्ना नहीं है,
मगर हाँ कई दिन से देखा नहीं है।'

(अज़ीज़ सलोनवी)

'रात बाक़ी थी जब वो बिछड़े थे,
कट गयी उम्र रात बाक़ी है।'

(ख़ुमार बाराबंकवी)

'ये इमारत तो इबादतग़ाह है,
इस जगह इक मैकदा था क्या हुआ?'

(फ़ना निज़ामी)

'अभी तो एक हल्की सी ख़लिश महसूस होती है,
बहुत मुमकिन है कल इसका मुहब्बत नाम हो जाये।'

(शेरी भोपाली)

'हर लहज़ा एक ताज़ा शिकायत है आपसे,
अल्लाह! मुझको कितनी मुहब्बत है आपसे।'

(रियाज़ जेवरी)

ये उन बहुत सारे शेरों में से चंद हैं, जो मैंने मुशायरों में सुने थे और सुनते ही याददाश्त का हिस्सा बन गये। इन शेरों का हुस्न अब तक मेरी तन्हाइयों का हमसफ़र है। यह और बात है, साहित्य में उनको वह स्वीकृति (स्थान) हासिल नहीं, जो उनसे कमतर शेरों के हिस्से में आयी। इसकी वजह भी थी। इनमें से ज़्यादातर शाइरों की

साहित्यिक पकड़ मुशायरों के सम्मेलनों तक सीमित थी। इनसे बाहर का साहित्यिक इलाक़ा इनकी पहुँच से बाहर था, या वे जान-बूझकर इससे दूर थे।

'दिल लखनवी' का वास्तविक नाम अब्दुल रज़्ज़ाक खाँ था। उनके पिता अपने दौर के मशहूर सूफ़ियों में थे। उनके अनुयायी आज भी लखनऊ में उनकी दरग़ाह पर इकट्ठा होकर हर साल उनका उर्स मनाते हैं और मरहूम की यादों पर श्रद्धा के फूल चढ़ाते हैं। दिल के वालिद उड़ीसा के किसी इलाक़े से आकर लखनऊ में बसे थे।

पीरी मुरीदी ही आर्थिक साधन था। उनकी दुआओं ने कई अँधेरे घरों में चिराग़ रोशन किये थे, कई उदास औरतों ने उनकी दुआओं से अपने नाराज़ पति वापिस लिये थे। दिल का लालन-पालन, नमाज़, रोज़ा और भेंट उपहार के धार्मिक माहौल में हुआ था; जिसका असर उनकी शायराना विसंगतियों के बावजूद बहुत गहरा था। वे रात भले ही कैसे भी गुज़ारें लेकिन हर दिन की शुरुआत सुबह की नमाज़ से होती थी।

दरगाहों के दर्शन और बुज़ुर्गों की बुज़ुर्गी का सौभाग्य भी उनकी दिनचर्या में शामिल था। जहाँ जाते थे वहाँ बुज़ुर्गों की कब्रों पर हाज़िरी ज़रूर देते थे, लेकिन उनके धार्मिक लगाव में वह अलगाव नहीं था, जो हमेशा से सियासत का स्वभाव रहा है। जिसके बारे में उर्दू ग़ज़ल के पहले नाराज़ शाइर 'यग़ाना चंगेज़ी', जो जिगर और जोश के समकालीनों में से थे, ने अपनी एक ग़ज़ल के मतले में कहा था :

'सब तिरे सिवा काफ़िर आख़िर इसका मतलब क्या?,
सर फिरा दे इंसां का ऐसा ख़ब्ते[1] मज़हब क्या?'

दिल के धर्म में धार्मिक उन्माद नहीं था। धर्म की सच्ची रूह रोशन थी। वह इंसान को उसकी इंसानियत के हवाले से पहचानते थे, और इसी मुहब्बत को अपना ईश्वर मानते थे। उनका धर्म मौलवियाना से ज़्यादा सूफ़ियाना था। जिसमें ख़ुदा और बंदे के दरमियान सीधा और आज़ाद रिश्ता होता है।

शाइरी उनका शौक़ था, पेशा नहीं था। घर में बाप-दादा की दुकानदारी थी। उनके वालिद ने लखनऊ आकर बीड़ी बनाने का कारोबार शुरू किया था। उनके बाद इसी कारोबार को दिल ने रोजग़ार का साधन बनाया और बहुत पैसा कमाया। उनके कारख़ाने की बीड़ी, लखनऊ और आस-पास के इलाक़ों में 'दिलनवाज़' बीड़ी के नाम से मशहूर थी।

दिलनवाज़ उनके बड़े लड़के का नाम था, जो अब लखनऊ के गली-कूचों में खुद ऑटो रिक्शा चलाता भी है और किराये पर चलवाता भी है। दिल लखनवी को उनके

1. विकृत, दूषित।

बाप के प्यार ने प्राइमरी स्कूली शिक्षा से आगे नहीं पढ़ने दिया और दिल ने अपने बेटे को खुद से आगे नहीं बढ़ने दिया। दिलनवाज़ ने शुरू में अपने मधुर तरन्नुम को मुशायरे के हवाले किया था लेकिन जब मुशायरे के सुनने वालों ने उन्हें दिल का बदल नहीं माना तो उसने भी दूसरा रोटी-रोजी का ज़रिया ढूँढ़ लिया।

'दिल' अब्दुल बारी आसी के शागिर्द थे, जो मिर्ज़ा दाग़ के मशहूर शागिर्दों में गिने जाते हैं। दिल अपने उस्ताद की तरह दाग़ और अमीर के क़बीले के शाइर थे। कसे-कसाये चुस्त मिसरे, भाषा का नाटकीय इस्तेमाल, शोख़ी और तर्रारी, मुहावरों की फ़नकारी और क़ाफ़ियों की ऐसी खुशआहंगी जैसे कलदार पर कलदार बजता हो, उनकी शाइरी की भी जाहिर होने वाली खूबियाँ थीं। उनके शेर तन्हाई की सोच से ज़रूर महरूम थे, लेकिन जिस स्कूल के वह शाइर थे उसके लिहाज़ से काफी मैयारी थे :

'सुना है वो कल आयेंगे मुँह अँधेरे,
सवेरा न कर दें सवेरे-सवेरे।'
'चैन बिन देखे उनको न आये,
और देखें तो देखा न जाये।'
'घटा ऊँघी-ऊँघी ये मौसम सुहाना,
इलाही मिरी आज तौबा बचाना।'
'अभी अपनी तौबा के टुकड़े उड़ा दूँ,
मगर शर्त है अपने हाथों पिलाना॥'

ये बज़ाहिर सीधे-सादे शेर जब मुशायरे के स्टेज से पढ़े जाते थे, तो छतें उड़ जाती थीं। तालियों और दाद का वो शोर होता था कि माँओं की गोदों में हँसते-हँसते बच्चे भी घबराके चिल्लाना शुरू कर देते थे। 'दिल' अक्सर घुटनों के बल बैठकर पढ़ते थे। वे हर शेर के पहले मिसरे को तीन बार दोहराते थे। पहले धीमे सुरों में उसे ख़नख़नाते थे, उसके बाद पहले से ऊँचा उठाते थे, तो हारमोनियम के सारे पर्दों को फ़लांग जाते थे। इतने ऊँचे सुरों तक पहुँचने के बाद भी, उनकी आवाज़ की मिठास और गोलाई में फ़र्क नहीं आता था। पहले मिसरे को तीन बार दोहरा कर जब वो सधी हुई आवाज़ को ज़रा धीमा करके दूसरा मिसरा अदा करते थे, तो सुनने वाले अपनी जगह से एक-एक फीट ऊँचा उठकर झूमते नज़र आते थे।

दिल का तरन्नुम अपने दौर का हसीन-तरीन तरन्नुम था। वे शेर नहीं सुनाते थे, लफ़्ज़ों और आवाज़ का ऐसा जादू जगाते थे, जिसे वही यक़ीन कर सकते हैं, जिन्हें उन्हें देखने और सुनने का अनुभव हुआ है।

मैंने एक से एक अच्छे तरन्नुम वाले शाइर सुने हैं, लेकिन दिल अपने अंदाज़ और आवाज़ के एक ऐसे शाइर थे, जिसका कोई सानी नहीं था। फिर न ऐसी अदायगी सामने आयी और न ऐसी लयकारी आवाज़ में जगमगायी।

'दिल लखनवी' के जीवन काल में उनके दो काव्य संग्रह प्रकाशित हुए थे। पहले का नाम 'आइना-ए-दिल' था, दूसरा 'लग्ज़िशें' के शीर्षक से प्रकाशित हुआ था। इनमें ग़ज़लें और क़तआत[1] शामिल हैं। उनके कतअे[2] काफ़ी मस्ती भरे होते थे जो मुशायरों में बहुत पसंद किये जाते थे। एक क़तआ जिसे वे अक्सर सुनाते थे, यों है:

'हाथों में बढ़ के जाम लिया और पी गये,
यूँ अहतिरामे शाम किया और पी गये।
ज़ाहिद ने जब कहा कि मएनाब है हराम,
अल्लाह मियाँ का नाम लिया और पी गये॥'

ग्वालियर मेले के जिस मुशायरे में 'दिल' आये थे उसमें जिगर मुरादाबादी भी बुलाये गये थे। मुशायरे में ज़्यादा लोग उन्हीं को सुनने आये थे। उनकी शोहरत उन दिनों फ़िल्मी कलाकारों जैसी थी। उर्दू के जानकार उनके कलाम से लाभान्वित होते आये थे और अन्य भाषाओं के लोग उनकी शोहरत के कारण उनके दर्शन को आये थे।

मुशायरे में दिल लखनवी के बार-बार पढ़ने के बाद जब जिगर साहिब को क़लाम पढ़ने के लिए बुलाया गया, तो मुशायरा कुछ नौजवानों की वजह से कुछ देर में हंगामे में बदल गया। जिगर साहिब ने अभी ग़ज़ल शुरू भी नहीं की थी, अभी वे हमेशा की तरह तरन्नुम को गुनगुना कर सैट कर ही रहे थे कि 'दिल' को बुलाइये, 'दिल' को बुलाइये की आवाज़ें गूँजने लगीं। जिगर साहिब चुपचाप उठकर अपनी जगह बैठ गये। 'दिल' ये देखकर फ़ौरन लपककर माइक पर आ गये। हॉल में फिर से स्वागत की तालियाँ बजने लगीं, लेकिन 'दिल' इस बार ग़ज़ल नहीं सुना रहे थे, वक्तव्य दे रहे थे...'मुझे बहुत दुःख और शर्मिन्दग़ी के साथ यह कहना पड़ रहा है कि आप महानुभावों के रवैये से मुझे बहुत तक़लीफ़ पहुँची है।

आप शायद नहीं जानते कि आपने किसकी शान में गुस्ताख़ी करने की भूल की है। जिगर मुरादाबादी ऐसे व्यक्तित्व हैं, जिन्हें देखने और सुनने का सौभाग्य क़िस्मत से मिलता है। दिल जैसे शाइर आयेंगे, चले जायेंगे लेकिन जिगर के नाम के हर्फ़ साहित्य

---

1. क़तअे का बहुवचन।
2. उर्दू नज़्म का एक प्रकार।

के इतिहास में हमेशा-हमेशा जगमगायेंगे। खुदा के लिए हजरत जिगर की मौजूदगी में मेरा नाम लेकर मुझे अपमानित न कीजिये।

दिल अपने छोटे से वक्तव्य के बाद काफ़ी प्रार्थना एवं विनती करके जिगर साहिब को फिर से माइक पर लाये। इसके बाद मुशायरे में सिर्फ़ जिगर और श्रोता थे और साथ में फ़रमाइशों की भरमार थी :

'क्या हुस्न ने समझा है, क्या इश्क ने जाना है,
हम ख़ाकनशीनों की ठोकर में ज़माना है।'

यह उस वक़्त की बात है जब मुशायरों और किताबों में इतनी दूरी नहीं पैदा हुई थी, जितनी आज नज़र आती है। पहले मुशायरे के लोग भी साहित्य की हस्तियों को साहित्य के हवाले से जानते और मानते थे और आज ऐसे शेर पढ़े जाते हैं :

'कह दो 'मीर' ओ ग़ालिब से हम भी शेर कहते हैं,
वो सदी तुम्हारी थी ये सदी हमारी है।'

दिल की मुशायरों में लोकप्रियता के साथ उनके मदिरापान में भी इजाफ़ा होता रहा और उसके साथ आवाज़ का वह जादू भी जाता रहा, जो एक ज़माने में उनकी पहचान था। मुशायरों में उनकी लोकप्रियता आश्चर्यजनक थी, लेकिन वे इस लोकप्रियता को सँभाल नहीं पाये। ख़ुदा ने उन्हें आवाज़ का जो तौहफ़ा दिया था, उसे उन्होंने वक़्त से पहले शराब की कसरत से जाए कर दिया। एक रात लखनऊ में ग़ैर हालत[1] में रिक्शा में शहर का नज़्ज़ारा करते घूम रहे थे कि किसी कार से टकरा गये। फिर हाथ-पाँव तोड़कर बिस्तर पर ऐसे लेटे कि दोबारा ज़मीन पर पाँव नहीं रख सके और वहीं से मुशायरों की सारी तालियाँ, आवाज़ की सारी बिजलियाँ, ग़ज़ल और क़तआत की सारी शोख़ियाँ अपने साथ लेकर विदा हो गये। उन्हीं का एक शेर है :

'मौत क्या है ज़माने को समझाऊँ क्या?
इक मुसाफिर था रस्ते में नींद आ गयी।'

लेकिन इस नींद पर कई जगारें अभी अनिवार्य थीं, जिनकी अदायगी[2] वे नहीं कर पाये।

□

---

1. नशे की हालत में।
2. प्रस्तुतीकरण।

फ़ज़ल ताबिश

गूँजते कहकहों की उड़ान

उनकी शाइरी नेकी और बदी की लड़ाई में रचनात्मक साझेदारी का बयान है। वे साम्यवादी नज़रिये के आधुनिक शाइर थे।

फ़ज़ल ताबिश

आज से तीस-पैंतीस साल पहले भोपाल का अदब; आज जैसा एक रस नहीं था। वह एक साथ कई चेहरों में नज़र आता था। कहीं वह बड़े-बड़े कच्चे दालानों में हामिद सईद खाँ और कहीं मुनीर भोपाली जैसे बुजुर्गों की तरह लकड़ी के तख़्तों पर सफ़ेद चादर पर लगे गाव तकिये पर कमर टिकाये साहित्य के इतिहास को दोहराता था।

कहीं छोटे-बड़े चायख़ानों में असद, कैफ़, बासित भोपाली, शेरी और ताज भोपाली, इशरत कादरी, वाहिद प्रेमी, के जैसी अधेड़ उम्रों की शेरवानियों से सजाये साहित्य और राजनीति के रिश्तों पर नयी-नयी बहसें जगाता था और कहीं नौजवान जैसे दिन भर टेढ़े-मेढ़े रास्ते नापता और रात को देर तक गिलौरियाँ चबाता था।

फ़ज़ल 'ताबिश' भी मुजफ़्फ़र 'हनफ़ी', अख़्तर 'नज़्मी', वहीद 'परवाज़', क़ासिम नियाज़ी, कामिल बहज़ादी वग़ैरह के साथ भोपाल की नौजवानी के नुमाइंदे थे।

फ़ज़ल 'ताबिश' नौजवानों के इस वर्ग में अपने चेहरे की शादाबी, विवेक, शराफ़त और रंगारंग तबीअत के लिहाज़ से काफ़ी आगे थे। मुँह में, होंठों को लाल करता पान, अँगुली पर चुटकी भर चूने का निशान, पठानी आन-बान और बात-बात पर देर तक गूँजते कहकहों की उड़ान उनकी पहचान थी।

फ़ज़ल ताबिश बहुत हँसते थे। अपने हमउम्रों में उनके पास सबसे ज़्यादा हँसी थी, जिसे वे जी खोलकर खर्च करते थे। किसी परिचित की परेशानी या किसी अजनबी की बेसरोसामानी के अलावा उनके लिए हर बात हर घटना कहकहों का ख़ज़ाना थी। उस वक़्त उनका कहकहा ताज की ग़ज़ल शेरी के तरन्नुम और क़ैफ़ के फ़क्कड़पन की तरह, भोपाल में मशहूर था। फ़र्क सिर्फ इतना था ताज, शेरी और

क़ैफ़ मुशायरों के कारण भोपाल से बाहर भी जाने जाते थे और फ़ज़ल 'ताबिश' के कहकहे अभी सिर्फ़ तालाबों के इर्द-गिर्द ही पहचाने जाते थे। लगातार हँसने के अभ्यास ने फ़ज़ल 'ताबिश' के चेहरे की शादाबी में इजाफ़ा किया था। उन दिनों का उनका एक मत्ला है :

'न कर शुमार कि हर शै गिनी नहीं जाती,
ये ज़िन्दगी है हिसाबों से जी नहीं ज़ाती।'

तक़रीबन तीन सदी पहले की घटना है, गोंडा की एक रानी कमलापति थीं। वह एक बहादुर अफ़ग़ान फ़ौजी की ख़ूबसूरती और बहादुरी पर मेहरबान हो गयीं और आदिवासियों की एक हरी-भरी वादी भोजपाल, सरदार दोस्त मौहम्मद ख़ाँ को बख़्श दी। ख़ूबसूरत तालाबों और पहाड़ों से घिरा इलाक़ा बाद में भोपाल के नाम से नवाबी रियासत बना। दोस्त यार ख़ाँ का अपना जर्ग़ा (समूह) था।

इस समूह में बहुतसों ने मुक़ामी सम्बन्धों के ज़रिए से यहाँ के मौसमों के रंगों से नाता जोड़ा और उनमें से कुछ ने अपनी-अपनी शक्लोसूरत और नस्लों के दायरों को नहीं तोड़ा। फ़ज़ल 'ताबिश' इस समूह के महफ़ूज़ या संरक्षित दायरे से जुड़े थे जो कई नस्लों के बाद भी अपने-अपने बुजुर्गों की विरासत की ज़मानत थे।

'ग़ालिब' ने बुढ़ापे में अपनी जवानी के हुस्न का बखान किया था लेकिन उनके हुस्न के बारे में सबने उनके ख़तों में ही पढ़ा था। फ़ज़ल 'ताबिश' को मैंने अपनी आँखों से देखा था। उनके व्यक्तित्व में काबुल के सेबों की तरुणाइयों और वहाँ के बर्फ़ से ढके पहाड़ों की ऊँचाइयों का खूबसूरत मिलाप था।

शादी से पहले वे बहुत सी आँखों के सपने थे, लेकिन शादी के बाद सिर्फ ताहिरा ख़ाँ के अपने थे। ताहिरा उनकी पत्नी का नाम था। जो एक स्थानीय स्कूल में अध्यापिका थी। फ़ज़ल ने अपने स्वभाव के इस बदलाव का इज़हार अपनी एक ग़ज़ल के शेर में किया है :

'फ़िर हमने इक प्यार किया फ़िर वही हुआ,
वो दिलबर भी ताहिरा ख़ाँ से हार गया।'

फ़ज़ल 'ताबिश' भोपाल के आधुनिक शाइरों में प्रमुख थे लेकिन उनकी आधुनिकता, दूसरे इलाक़ों की तरह कायनात में इंसान के अकेलेपन का मर्सिया नहीं थी। ये इंसान और समाज के रिश्तों को कुबूल भी करती थी। वे हिन्दी के कवि 'मुक्तिबोध' और उर्दू के अख़्तर-उल-ईमान की तरह ज़िन्दगी के विरोधाभासों को समाज या तहज़ीब के आईने में देखते थे। उनकी शाइरी का स्वभाव मसायली लबो-लहज़ा कबाइली था।

उनकी शाइरी की ज़बान, जो देखने में खुरदरी नज़र आती है; कभी परम्पराओं की औपचारिकताओं से आज़ाद होकर अतीत के चेहरे से पर्दा उठाती है, कभी हालात के विरोधाभास को गलियों, चौराहों का आईना बनाती है। वे एक नाराज़ ज़ेहन के शाइर थे, लेकिन उनकी नाराज़गी वजूद की अर्थहीनता के बजाय ज़िन्दगी से मुहब्बत की इबादत थी। उनकी शाइरी नेकी और बदी की लड़ाई में रचनात्मक साझेदारी का बयान है। वे साम्यवादी नज़रिये के आधुनिक शाइर थे।

उनका एक काव्य संग्रह 'रोशनी किस जगह से काली है' के नाम से 1994 में प्रकाशित हुआ था। इसमें नज़्में और ग़ज़लें दोनों शामिल हैं। संग्रह का शीर्षक उन्होंने अपने ही एक शेर के एक मिसरे से लिया था। वह शेर उनके शेरी किरदार का सबूत भी है :

'रेशा-रेशा उधेड़ कर देखें,
रोशनी किस जगह से काली है।'

फ़ज़ल 'ताबिश' का जन्म 15 अगस्त, 1933 ई. में हुआ। वे भोपाल के एक पुराने ख़ानदान के चिराग़ थे। उनके घर का माहौल धार्मिक था और घर से बाहर जिनके साथ उनका उठना-बैठना था, वे अधार्मिक कम्युनिस्ट थे। लेकिन भोपाल की आधुनिकता की तरह यहाँ का कम्युनिज़्म भी दूसरी जगहों से अलग था। भोपाल के लोकप्रिय कम्युनिस्ट लीडर कामरेड 'शाकिर अली ख़ाँ' थे। उनके कम्युनिज़्म ने मार्क्सी शिक्षाओं में धार्मिकता की गुंजाइश निकाली थी। वे पाँचों वक़्त मस्जिद में खुदा के दरबार में सर झुकाते थे और नमाज़ों के बाद के लम्हों में तत्कालीन सत्ता के ख़िलाफ़ सुर्ख़ परचम उठाते थे और मजदूर-किसानों की बदहाली पर आलोचना फ़रमाते थे।

फ़ज़ल 'ताबिश' के दृष्टिकोण में इसी इलाकाई माहौल और भोपाली कम्युनिज़्म की चमक थी। उनकी कम्युनिज़्म की धारणा अधार्मिक नहीं धार्मिक थी। उनके संग्रह की पहली नज़्म 'दुआ' के प्रारंभिक मिसरे (पद) यूँ हैं :

'ये दुनिया ख़ूबसूरत है
हमें जीने की नेमत बख़्श कर
ज़िन्दा दिलों के साथ रहने की सआदत दी
हमें मक्कार वादों
बेसरो-पा झूठे पैमानों में वाज़ेअ फ़र्क करने
और बचने का हुनर बख़्शा
ख़ुदा या शुक्रिया तेरा।'

'फ़ैज' की भी एक नज़्म 'दुआ' के शीर्षक से है :

'आइये हाथ उठायें हम भी
हम जिन्हें रस्में दुआ याद नहीं
कोई बुत कोई ख़ुदा याद नहीं ।'

इन नज़्मों में यक़ीन और बेयक़ीनी का जो फ़र्क है, वही भोपाल के कम्युनिज़्म की पहचान है। फ़ज़ल 'ताबिश' के साथ ज़िन्दगी का सलूक शुरू में कुछ अच्छा नहीं रहा। अभी वे मुश्किल से मैट्रिक ही कर पाये थे कि अचानक सारा घर बोझ बनकर उनके तन्हा कंधों पर सवार हो गया। घर में सबसे बड़ा होने की सज़ा कुबूल की और उनको अपनी शिक्षा रोककर एक दफ़्तर में बाबूगिरी करनी पड़ी। निरंतर पन्द्रह बरस घरेलू जिम्मेदारियों में खर्च हुए, बाद में उर्दू में फर्स्ट क्लास में एम.ए. करके हमीदिया कालेज में लेक्चरर हो गये।

ज़िन्दगी की इस लम्बी दौड़-धूप में साहित्य भी साथ-साथ चलता रहा। उनकी साहित्यिक पहचान सिर्फ़ शाइरी तक सीमित नहीं है। शाइरी के अलावा उन्होंने कहानियाँ, नाटक तथा ऐतिहासिक उपन्यास भी लिखे हैं। उनके दो नाटक देवनागरी में प्रकाशित होकर लोकप्रिय हो चुके हैं।

इनके अलावा फरीदुद्दीन 'अत्तार' की मस्नवी का उर्दू ड्रामाई रूप भी उनके नाम से मंसूब है। यह नाटक भोपाल में भारत भवन में कई बार मंचित किया जा चुका है। वे अच्छे अनुवादक और स्टेज तथा फिल्मों के कलाकार भी थे। दूरदर्शन की टेलीफिल्म 'उर्दू है जिसका नाम', मणी कौल की प्रयोगात्मक फिल्म 'सतह से उठता आदमी', कुमार साहनी की 'ख़्याल गाथा' जैसी फिल्मों में उनकी अदाकारी को काफ़ी सराहा गया था, लेकिन उनके अदब प्रेम और भोपाल पसंदी ने अभिनय को पेशा नहीं बनने दिया।

फ़ज़ल 'ताबिश' ज़िन्दगी के कई रंगों के उपासक थे। उनकी फ़नकाराना बेचैनी ने अपने इज़हार के लिए कई ज़रिए तलाश कर लिये थे। दूसरों की खुशियों में शिरकत की मोहलत तो उन्हें मुश्किल से मिलती थी, लेकिन जान पहचान वालों के दुःख-दर्द में वे ज़रूर शामिल होते थे। उनकी आमदनी में भी उनके शख़्सियत की तरह बहुत सों की हिस्सेदारी थी। अपने घरेलू खर्चों के साथ ही उसमें ताज भोपाली की शराब भी थी, 'मकसूद उमरानी' की बेटी शहनाज़ के कॉलेज की पढ़ाई भी थी, रात में यार-दोस्तों की आवभगत भी थी। पार्टी और दूसरे सामाजिक जलसों के लिए चंदा भी था।

फ़ज़ल 'ताबिश' ने खूब कमाया, मगर जितना कमाया उसे भी अपने कहकहों की तरह रात-दिन लुटाया। उनकी आमदनी पर सिर्फ उन्हीं का हक़ नहीं था, उसमें

और कई जरूरतमंदों की हिस्सेदारी थी। उनका घर भोपाल में इक़बाल चौक के सामने, जहाँ मशहूर कलाकार स्वामीनाथन का बनाया हुआ 'इक़बाल' का लोहे का शाहीन लगा हुआ है। शीश महल की ऊपरी मंजिल में था। नवाबी युग में यह इमारत कई-कई पहरों की निगरानी में थी। जबसे यह इमारत ताबिश का निवास स्थान बनी, इस पर शहरभर के साहित्यकारों, शाइरों की आज़ाद बादशाहत थी। उनका घर कुंडी-ताले की घिसीपिटी पुरानी रिवायत से आज़ाद था। वह हर वक़्त खुला रहता था। फ़ज़ल 'ताबिश' घर में हों या न हों, ताहिरा भाभी हों या न हों, उनके बच्चे हों या न हों। उनके दोस्तों में कोई भी किसी वक़्त भी इसमें बिना रोक-टोक जा सकता था। रसोईघर में जाकर खाना खा सकता था। चाय बना सकता था। खा-पीकर आराम फ़रमा सकता था और तरोताज़ा होकर वापस जा सकता था। इस बिना मेज़बान की मेहमाननवाज़ी से मैं भी कई बार लाभान्वित हो चुका हूँ। फ़ज़ल 'ताबिश' अपने कहकहों की तरह बड़े दिल के इंसान थे।

फ़ज़ल मुशायरों में बहुत कम जाते थे। उनकी पसंद की फ़ेहरिस्त मुशायरे से खाली थी, लेकिन दोस्ताना मजबूरी कभी-कभी हमें ज़रूरी बना देती थी। हाँ, काव्य गोष्ठियों में जमकर सुनाते थे। आवाज़ भारी और असरदार थी। तहत में पढ़ते थे। जब माइक पर आते थे, तो आवाज़ से कम चेहरे के उतार-चढ़ाव से लोगों को लुभाते थे। और नए लफ़्जों और तीखे-गहरे व्यंग्य और सामाजिक बोध की बिना पर अवाम को भी रिझाते थे और खास को भी। कैसा ही मजमा हो, उसे बस में करना उन्हें आता था, लेकिन इसके बावजूद मुशायरों के पेशावराना रवैये को वे अदब के लिए नुकसानदेह समझते थे।

उनकी भाषा उर्दू की परम्परा और हिन्दी की नई कविता की हरारत का ऐसा मिलाप थी, जो नवीनता चाहने वालों को तो भाती ही थी लेकिन परम्परावादियों को चौंकाती भी थी। इसमें रूपकों, प्रतीकों एवं शब्दावली दूसरों से बहुत अलग थी :

'बरगद ने अपने बाल न कटवाये आज तक,
हरचंद इसकी उम्र कटी आदमी के साथ।'

'वो कह रहे हैं रवायत का एहतिराम करो,
मैं अपनी लाश की बदबू से भागा फिरता हूँ।'

'सहर फ़ैला रही है अपने बाज़ू,
मेरा साया सिमटता जा रहा है।'

'अब ये चेहरा क्या है बीते युग का उधड़ा रस्ता है,
मेरा माज़ी ये चेहरे हैं, मेरे बच्चों से मिलिये।'

फ़ज़ल 'ताबिश', 'शेरी', 'कैफ़', 'अख़्तर सईद' और 'ताज' के बाद की भोपाल की नयी नस्ल के शाइर थे। वे भोपाल की रियासती सभ्यता और उसके मूल्यों के उपासक थे। यारों के यार थे। तन्हाई में इबादत गुज़ार थे, महफ़िल में मेयख़्क़ार थे। उन्होंने अपनी ज़िन्दगी का आखिरी कहकहा अपने घर शीशमहल में दोस्तों की महफ़िल में लगाया था, उस रात वे इतने हँसे थे कि दूसरे दिन उनके पास हँसने को कोई और कहकहा नहीं बचा था, इसलिए खामोश हो गये थे। फ़ज़ल 'ताबिश' के मजमुए का प्रकाशन वर्ष और उनके इंतक़ाल का साल एक ही है :

'सुनो हम दरख़्तों से फल तोड़ते वक़्त,
उनके लिए मातमी धुन बजाते नहीं।'
'सुनो प्यार के कहकहों वाले मासूम लम्हों में हम,
आँसुओं के दियों को जलाते नहीं।'

फ़ज़ल 'ताबिश' भोपाल की गंगा-जमुनी तहज़ीब की अमानत थे। उनकी शख़्सियत हिन्दी-उर्दू के अदबी मूल्यों का संगम थी।

□

अनवर 'साबरी'

हिन्दुओं के देवता गणेश मुसलमान के पैकर में

'साबरी' ज़्यादा जल्दी शाइरी करने वाले माहिर शाइर थे। वे मुशायरों के श्रोताओं को ध्यान में रखकर शेर कहते थे।

अनवर 'साबरी'

अल्लाहबख़्शे अनवर 'साबरी' बहुत सी खूबियों के इंसान थे। दूसरों को प्रभावित करना और अपनी योग्यता का लोहा मनवाना उन्हें खूब आता था। उन्होंने अपनी इस योग्यता को एक हुनर की तरह बनाया-सँवारा था और झूठ और सच्चाई के मिलाप से इसे निखारा था। उनके भारी भरकम डील-डौल को देखकर एक बार 'फ़िराक़' ने भरे मुशायरे में कहा था – 'भई कमाल है हिन्दुओं के देवता गणेश ने इस बार मुसलमान के घर में अवतार लिया है।'

इसी डील-डौल के धनी अनवर 'साबरी' एक बार अलीगढ़ में अपने नौजवान प्रशंसकों के समूह में रास्ते से गुजर रहे थे कि अचानक नीम की छाँव तले एक समाधि लेख जड़ित छोटी सी कब्र देखकर रुक गये और उसकी तरफ रुख़ करके बोले – 'अस्सलाम या साहिबे क़ब्र' और इसी के साथ करीब जाकर फ़ातिहा के लिए हाथ उठा दिये। जब वे वहाँ से पलटे तो एक लड़के ने पूछा–'मौलाना क्या आप समाधिस्थ व्यक्ति को जानते हैं?'

'आत्मिक लोग आत्मिक लोगों को सृष्टि के प्रारंभ से पहचानते हैं, साहिबज़ादे! उन्होंने मेरी आहटों से मुझे पहचाना और सलाम किया, मैंने जवाब देकर परम्परा का आदर किया।'

लड़के ने आश्चर्यभाव से उन्हें देखते हुए कहा–'यह तो उचित है, लेकिन साहिबे-कब्र[1] की भाषा आपने कैसे समझ ली?'

'क्या मतलब?' उन्होंने भारी आवाज़ में सवाल किया?

लड़का मुस्कुराते हुए बोला – 'हज़रत मतलब यह है कि जब तक यह पुण्यात्मा

---

1. क़ब्र का आदमी।

जीवित थी, तो उनकी भाषा भी अपने साथियों की तरह 'भौं भौं' थी। आपने समाधिस्थ व्यक्ति का आदर तो किया, लेकिन क़ब्र पर लगा समाधिलेख नहीं देखा। इस क़ब्र में एक अंग्रेज आर्मी अफसर का अल्सेशियन कुत्ता दफ़्न है।'

'कोई बात नहीं बेटे, शक्लें भिन्न होती हैं, लेकिन नूर सबमें एक ही है। कुत्ता, इंसान, चरिन्द-परिन्द, मछली, दरख़्त, इंसान सब उसी के आदेश का उद्घोष हैं।'

अनवर 'साबरी' ने जवाब देकर फिर से सिगरेट सुलगा ली और आगे बढ़ गये। अनवर 'साबरी' जिस्म से लम्बे-चौड़े अफ्ग़ानी, साँवले रंग के आधार पर हिन्दुस्तानी, मोटे से कपड़े के ढीले-ढाले घुटनों से नीचे लबादानुमा कुर्ते से 'हाफ़िज' और 'ख़य्याम' के जमाने के ईरानी और चेहरे पर झूलती दाढ़ी और सर पर बिखरे हुए काले सफेद बालों से कोई ऊँटनी पर सवार रेगिस्तानी लगते थे। अपने इस हुलिये में जब मुशायरों में शिरकत करते थे तो सबसे अलग नज़र आते थे। आवाज़ में खनक एवं सुर दोनों थे। खास तरन्नुम में शेर सुनाया करते थे। लेकिन कविता पाठ सुनाने से पहले माहौल बनाने के लिए छोटा सा भाषण भी ज़रूर देते थे। इन तक़रीरों में हर बार अपने राजनैतिक कार्यों को विषय बनाते थे और उस वक्त मंच पर या श्रोताओं में जो भी राजनेता नज़र आता, उससे भाषण के दौरान किसी जेल में अपने साथी होने का रिश्ता लगाते और तालियाँ बजवाते थे। फिर जब ग़ज़ल सुनाते थे तो बीच-बीच में नये-नये जुमले भी चिपकाते जाते थे और इस तरह मुशायरों में छा जाते थे। श्रोता उन्हें बार-बार पढ़वाते थे। ग़ज़ब के हाज़िर-जवाब थे।

माहिर खिलाड़ी की तरह लोगों से फुटबाल की तरह खेलते थे। मजाल है कोई जुमला उन पर आये और खाली जाये। एक मुशायरे में किसी मनचले ने आवाज़ लगाई मौलाना दाढ़ी क्यूं बढ़ाई? फौरन उनके जवाब की आवाज़ आई :

'मेरे चेहरे पे तू दाढ़ी के इज़ाफे पे न जा,
ख़त के मज़्मून को पढ़ ख़त के लिफ़ाफ़े पे न जा।'

कभी-कभी कलाम पर सुनने वालों की ख़ामोशी को भी वे अपने जुमलों से उन्मादपूर्ण बना देते थे। एक बार एक कैमरामैन ने उनकी तस्वीर लेनी चाही, उन्होंने यह देखकर अपने चेहरे को हाथ की ओट में छुपाकर कहा, 'मियां तस्वीर बनाओगे या उससे बच्चों को डराओगे?'

उनकी तुर्की-ब-तुर्की में कटाक्ष कम होता था, हास्य अधिक होता था, जो महफिल को जीवित और जागरूक रखता था। अनवर 'साबरी' सिर्फ़ मुशायरा पढ़ते नहीं थे, मुशायरा दिखाते भी थे। मुशायरे में उनकी शिरकत मुशायरे की सफलता की ज़रूरत समझा जाता था। यह वह ज़माना था, जब 'जिगर' के तरन्नुम की धूम थी और

कम पढ़े-लिखे नौजवान सिर्फ़ आवाज़ के बूते पर मुशायरों को व्यवसाय बना रहे थे और आसान, जनसाधारण की समझ वाले कलाम का सिक्का चला रहे थे।

अनवर 'साबरी' ने अपनी शाइरी को राजनीतिक और शास्त्रीय काव्य परम्परा पत्रकारिता के विस्तार और शब्दों में प्रयुक्त परम्परा के मिलाप से सजाया था। सीधा-सीधा इकहरा लहज़ा, प्रचारात्मक ढंग और गलेबाज़ी की जादूगरी, सब मिलकर ऐसा समां बाँधते थे कि वे जब-तब मंच पर होते, जन-समूह उन्हीं के इशारों पर नाचता था :

'इक बिरहमन है एक शेख़े-हरम
दो बुज़ुर्गों में हाथा-पाई है।
मैं तो डंके की चोट पर कहता हूँ,
यार लोगों ये जग-हँसाई है॥'

'चुप वो भी रहे चुप हम भी रहे, फ़रियाद ज़ुबां पर ला न सके,
मजबूरी-ए-दिल की क्या कहिये, वो आ न सके हम जा न सके।'

'वज्हे-बर्बादी-ए-दिल पूछ रही है दुनिया,
लब पे क्या जानिये क्यूं आपका नाम आता है।
दिल नाकाम सही फिर भी तो मेरा दिल है,
यही नाकाम बुरे वक़्त में काम आता है॥'

अनवर 'साबरी' ज़्यादा जल्दी शाइरी करने वाले माहिर शाइर थे। वे मुशायरों के श्रोताओं को ध्यान में रखकर शेर कहते थे। उनके जीवन में उनके कई काव्य-संग्रह प्रकाशित हुए थे। उनमें एक संग्रह वह भी था, जो अंग्रेजी राज के नाम से छपा था। जिसमें अंग्रेजी हुकूमत के खिलाफ़ नज़्में थीं और जिसे उस वक़्त के शासन ने जब्त कर लिया था। उनका कलाम देश के मशहूर राष्ट्रीय अखबारों और पत्रिकाओं जैसे 'ज़मीनदार', 'रिफार्मर', 'हमदर्द', 'ऐवाने-मिल्लत' एवं 'अलहिलाल' आदि में ख़ास-तौर से छपता था। अपने जोशीले भाषणों एवं ब्रिटिश सरकार के खिलाफ़ अपनी सीधी और बयानिया नज़्मों की वजह से वे कई बार जेल भी भेजे गये। राजनीति और शाइरी से उनका रिश्ता जो 16 साल की कच्ची उम्र से शुरू हुआ था, 84 बरस की पकी उम्र तक निरन्तर जारी रहा।

वे देवबंद तहज़ीब के आदर्श थे और धर्मनिरपेक्षता एवं राष्ट्रीयवाद की जीवित स्मृति थे। अनवर 'साबरी' अफ़गानी वंश के थे। उनके पूर्वज कई पीढ़ियों पहले बुखारा से पलायन करके अविभाजित पंजाब के पाक पटन नामक क्षेत्र में आकर बसे थे। यहीं

1900 ई. में सैयद शाह ऐन-उल-हम के घर में सैयद बुरहान उल हक़ का जन्म हुआ, जो बाद में अपनी कोशिशों और विद्वत्ताओं से अनवर 'साबरी' बन गये। अनवर 'साबरी' के बचपन में ही उनके पिता पाक पटन छोड़कर देवबंद चले आये थे। यहाँ के एक स्थानीय उर्दू मिडल स्कूल में उन्होंने प्रारम्भिक शिक्षा पूरी की। बाद में दारूल उलूम[1] देवबंद के विद्यार्थी हुए, लेकिन शिक्षा पूरी होने से पहले उनकी मधुर आवाज़ ने उन्हें शाइर बना दिया और वे स्कूल के प्रिंसिपल अनवर शाह कश्मीरी को कलाम दिखाने लगे और दूर-पास के मुशायरों में बुलाये जाने लगे। इन्हीं दिनों में मौलाना मदनी से करीब हुए और तहरीके उमरा के आन्दोलन के सक्रिय मेम्बर बन गये।

साहित्य में राजनीति के मेल-मिलाप ने उनसे कुछ ऐसी नज़्में भी कहलवाईं, जो एक ही वक़्त में मुशायरे और समय की ज़रूरत को पूरा करती थीं। वे राजनैतिक सम्मेलन में जिस ओजस्वी तरीके से भाषण देते थे, उसी को अपनी शाइरी में सजाकर वाह-वाही लूटते थे। अदब और सियासत के सम्बन्धों का इकहरापन कई प्रगतिशील शाइरों में भी मौजूद है।

अनवर 'साबरी' की ऐसी नज़्मों में जोश की लफ़्फ़ाजी के हुनर के साथ ही जफ़र अली ख़ाँ की काव्य शैली का प्रभाव भी है, लेकिन शब्दों में व्याख्यान अधिक है चित्रात्मकता कम –

'अज़ीज़ नामे-जहाँ इंक़लाब ज़िन्दाबाद,
पलट निज़ामे-जहाँ इंक़लाब ज़िन्दाबाद।'

'जिस इंक़लाब में मजदूर कामयाब नहीं,
वो इंक़लाब कभी मेरा इंक़लाब नहीं।'

'गुलाम क़ौम का दिल भी गुलाम होता है,
गुलाम क़ौम का सज़दा हराम होता है।'

अनवर 'साबरी' सिर्फ़ देखने की हद तक ही मौलवियाना थे, वैसे स्वभाव से वे शाइराना और बोहेमियाना थे। उनका व्यक्तित्व आधुनिक एवं पुरातन के संगम की तरह था, उसमें वे साहित्यिक परम्पराएँ भी हिस्सेदार थीं; जो जागीरदाराना दौर की पैदावार थीं और जो, 'मीर' के कई शेरों के आशकार हो चुकी थीं। मीर का शेर है :

'इक नुस्खा-ए-अजीब है लड़का तबीब का,
कुछ गम नहीं है उसको जो बीमार हो कोई।'

'मीर' की इस परम्परा की तरफ़दारी कभी-कभी बड़ी मुश्किल पैदा कर देती थी। एक बार एक हकीम के लड़के ने बीच मुशायरे में चाय में जमालगोटा मिलाकर उन्हें

1. विश्वविद्यालय।

ऐसा नुस्ख़ा पिलाया कि दो दिन तक उन्होंने 'मीर' का सिर्फ़ एक शेर ही बार-बार दोहराया :

'मीर' हरचंद मैं चाहा लेकिन,
न छुपा इश्क़ तिफ़्ले बदख़ू का।'

अनवर 'साबरी' मौलाना थे। उनके नाम के साथ उनके कद्रदान 'अल्लामा' भी लगाते थे। मुशायरों में उनके परिचय में, उनके नाम के साथ आज़ादी के लिए जान देने वाला (देशप्रेमी) के खिताब भी शामिल किये जाते थे। उनके सम्बन्धों का दायरा फैला हुआ था। उनमें बहुत सी प्रमुख हस्तियों के साथ मौलाना अबुल कलाम आज़ाद और महात्मा गांधी भी शामिल थे। मौलाना आज़ाद से दिल्ली प्रवास के दौरान उनकी रोज मुलाक़ात भी होती थी। गांधी जी से वे वर्धा जेल में 1930 में मिले थे। पहली मुलाक़ात से जीवन भर वे उनके प्रति श्रद्धावान रहे।

गांधी जी से अपनी श्रद्धा को उन्होंने एक नज़्म में भी उजागर किया है। इस नज़्म का पहला शेर यूँ है :

'वे आँधी जो हवाओं से कभी रुकती नहीं देखी,
कज़ा के सामने गर्दन कभी झुकती नहीं देखी।'

अबुल कलाम आज़ाद ने दिल्ली के एक मुशायरे में श्रोताओं को सम्बोधित करते हुए उनके बारे में कहा था – 'अनवर 'साबरी' को सुनो, अगर तुम उनकी आवाज़ को न सुनोगे तो वक़्त के फरिश्ते अवश्य सुनेंगे; इसलिए कि उनकी हर बात में दिल की बात होती है।'

पता नहीं मौलाना आज़ाद ने यह वाक्य दिल से कहा था या मुशायरे का माहौल बनाने के लिए गढ़ा था। अनवर 'साबरी' शोभायमान व्यक्तित्व के धनी थे। वे जिस मुशायरे में होते थे, उसमें एक साथ दो मुशायरे चलते थे। एक मुशायरा वह होता था जिसमें शाइर श्रोताओं को कलाम सुनाता था और दूसरा वह होता था जिसको मंच पर किसी कोने में बैठ अनवर 'साबरी' अपने इर्द-गिर्द लोगों को वहीं कहे हुए शेरों से जमाते थे। इन शेरों में वे हर शाइर पर अपने परोक्ष का निशाना बनाते थे और समीक्षा करते थे।

लाल किले जश्ने-आज़ादी के मुशायरे में सर शंकरलाल 'शंकर' शेर सुना रहे थे। उन्होंने माइक से शेर पढ़ा :

'गुंचा जो कोई चटख़ा ये कह के उड़ा बुलबुल,
उठ ख़्वाब से ओ ग़ाफ़िल हंगामे-सहर आया।'

अनवर 'साबरी' ने अपने साथ के लोगों को इसे बदलकर इस तरह सुनाया और शाइरी की अमीरी का मज़ाक उड़ाया :

'शंकर की ग़ज़ल सुनकर महफ़िल ये पुकार उट्ठी,
शौहरत का तमन्नाई एक तालिबे-ज़र आया।'

एक मुशायरे में मुतरन्निम शाइर बिस्मिल शाहजहाँपुरी बड़ी पाटदार आवाज़ में सुना रहे थे :

'ये नहीं साज़ की आवाज़ की महफिल की ग़ज़ल,
नामे क़ातिल से है मंसूब ये बिस्मिल की ग़ज़ल।'

और अनवर 'साबरी' इसमें इस तरह संशोधन कर रहे थे :

'न ये तन्हाई का नग्मा है न महफ़िल की गज़ल,
सिर्फ़ आवाज़ ही आवाज़ है बिस्मिल की ग़ज़ल।'

हालाँकि अनवर 'साबरी' आवाज़ और अल्फ़ाज़ का अंतर पहचानते थे फिर भी उम्रभर वे शब्दों पर आवाज़ का मुलम्मा चढ़ाकर ही मुशायरों का कारोबार चलाते रहे।

अनवर साबरी जीवन के 84 वर्ष पूर्ण करके देवबंद की एक क़ब्रगाह में आराम फरमा रहे हैं। उनके साथ अतीत के मुशायरों की एक विस्तृत सभ्यता दो क़ौमी नज़रिये की विरोधी राजनीति और इंसानी मुहब्बत की धर्मनिरपेक्षता की परम्परा भी दफ़्न है :

'कोई सुने न सुने इंक़लाब की आवाज़,
पुकारने की हदों तक तो हम पुकार आये।'

□

शकील बदायूँनी

तरन्नुम के साथ दर्द की पुरअसर आवाज़

वे जिस मुशायरे में होते थे, शाइरी सुनाने के बाद सारा मुशायरा अपने साथ ले जाते थे।

शकील बदायूँनी

शेक्सपीयर ने 1593 से 1600 के दरमियान एक सौ चव्वन सानिट भी लिखे थे। उसमें एक सानिट में उन्होंने अपनी प्रेयसी के सौन्दर्य के बारे में कुछ मिसरे लिखे थे। उनका मुक्त अनुवाद इस तरह है :

'मेरे लफ़्ज़ों में ये ताक़त कहाँ
जो तेरी आँखों की तस्वीर बनाएँ
तेरे हुस्न की सारी खूबियाँ दिखाएँ
अगर ये मुमकिन भी हो,
तो आने वाले ज़माने में
किसको यक़ीन आयेगा
कि तेरे जैसा कोई ज़मीं की ज़ीनत था
तू ख्वाब नहीं एक हक़ीक़त था।'

शकील बदायूँनी का व्यक्तित्व, बातचीत का ढंग और मुशायरों में उनके शेर पढ़ने का चमत्कार उनको देखने-सुनने वालों के लिए ऐसा ही अनुभव था।

आज इन विशेषताओं के साथ वे भले ही कहानियों के किरदार महसूस हों, लेकिन बीते हुए ज़माने में वे चलती-फिरती सच्चाई थी। ग़ज़ल गायक जगजीत सिंह से सम्बन्धित एक लेख में मैंने लिखा था कि 'उनकी आवाज़ इतनी ख़ूबसूरत है कि उन्हें जब सुना जाता है; तो सुनने वाला उनके सुरों की समरसता को भूल जाता है।'

शकील के अच्छे पहनावे और शेर सुनाने का ढंग जब मुशायरों के मंच पर जगमगाता था, तो अच्छे-अच्छे शिष्ट श्रोता भी उनके शब्दों के पारम्परिक बर्ताव और शेरों के इकहरे या अनुकरणीय स्वभाव को भूल जाते थे। वे मुशायरों के बेहद लोकप्रिय

शाइर थे। वे जिस मुशायरे में होते थे, शाइरी सुनाने के बाद सारा मुशायरा अपने साथ ले जाते थे।

उनके ज़माने में कई खुशआवाज़ शाइर मुशायरों की शोभा थे। फ़ना निज़ामी, शेरी भोपाली, दिल लखनवी, राज़ मुरादाबादी, मजरूह सुल्तानपुरी, ख़ुमार बाराबंकवी आदि सभी मुशायरों की ज़रूरत थे; मगर उनमें शकील कभी-कभी के जलवे की तरह अधिक दिलनवाज़ शख़्सियत थे। फिल्मों में गीतकारी की व्यस्तता उन्हें अधिक मुशायरेबाजी का समय नहीं देती थी। अर्थशास्त्र के सिद्धान्त के मुताबिक अगर सप्लाई कम हो जाये तो मूल्य में वृद्धि हो जाती है। मुशायरों में उनकी प्रसिद्धि से ही प्रभावित होकर संगीतकार नौशाद अली ने उन्हें फिल्मों में लिखने के लिए बुलाया था। मुशायरे फिल्मों में आने से पहले भी थे, लेकिन उस वक़्त तक उनकी शाइरी यू.पी. के कुछ इलाकों तक ही सीमित थी। फिल्मी चका-चौंध ने उसमें चार चाँद लगा दिये थे और उनके शब्दों को देश के कोने-कोने में पहुँचा दिया था।

'शकील' का असली नाम 'शकील अहमद' था। जन्म का नाम ग़फ़्फ़ार अहमद और उपनाम 'शकील बदायूँनी' था। शकील के पिता मौलाना जलील अहमद कादरी बदायूँ के उच्चप्रतिष्ठित विद्वान और उपदेशक थे।

घर का वातावरण बेहद धार्मिक और शाइराना था। उनके पिता भी शाइर थे और 'सोख़्ता' के उपनाम से शेर कहते थे। चाचा ज़िया उल क़ादरी नात[1], मन्क़बत[2] के उस्ताद शाइर थे।

उनकी लिखी हुई 'शरहे कलामे-मोमिन' एक ज़माने में बहस और वाद-विवाद का विषय थीं।

शकील अगस्त, 1916 में बदायूँ (यू.पी.) में पैदा हुए और मौलाना ज़िया उल क़ादरी के मार्गदर्शन में चौदह वर्ष की उम्र में शेर कहने की शुरुआत की। बदायूँ में उर्दू-फ़ारसी की शिक्षा हासिल करने के बाद शकील की शिक्षा का क्रम बदायूँ, मुम्बई और अलीगढ़ मुस्लिम यूनिवर्सिटी में जारी रहा लेकिन पिता के देहान्त ने जिन घरेलू उलझनों में उन्हें उलझा दिया था, उनके कारण बी.ए. के बाद उन्हें नौकरी करनी पड़ी और वे देहली में सप्लाई विभाग में क्लर्की करने लगे।

'शकील' की प्रसिद्धि में उनके तरन्नुम का बहुत बड़ा हाथ था। वे जिस दौर में शेर कह रहे थे वह 'यग़ाना', फ़िराक़ और शाद आरिफी का नयी ग़ज़ल तथा जोश फैज़ और अख़्तर-उल-ईमान की नज़्म में नये बदलाव का दौर था। नयी काव्य भाषा रची जा

1. काव्य का वह रूप जिसमें हज़रत मोहम्मद की छंदोबद्ध स्तुति की गयी हो।
2. महात्माओं का यशोगान करने वाला काव्य।

रही थी, नये जीवन अनुभवों और नये दर्शनों से वातावरण जगमगा रहा था। प्रगतिशील तहरीक अपने यौवन का उत्सव मना रही थी। साथ में हल्क-ए-अर्बा बेज़ोक (पंजाब में) शाइरी नये तेवर दिखा रही थी, लेकिन इस समय शकील की शाइरी इसी काव्य परम्परा का साथ निभा रही थी; जो दाग़ के बाद पीढ़ी-दर-पीढ़ी दोहराई जा रही थी और मुशायरों में धूम मचा रही थी।

वे साहित्य में बुजुर्गों को चित्रित करते थे। उनका लहज़ा धीमा, मधुर स्वर एवं शास्त्रीय शैली का विश्वास पात्र था :

'क्या कीजिये शिकवा दूरी का मिलना भी ग़ज़ब हो जाता है,
जब सामने वो आ जाते हैं अहसासे-अदब हो जाता है।'

'कोई आरज़ू नहीं है कोई मुद्दआ नहीं है,
तिरा ग़म रहे सलामत मिरे दिल में क्या नहीं है?'

'लब सर्फे-तकल्लुम[1] हैं तो नज़रें हैं कहीं और,
इन बातों से होता है मुहब्बत का यक़ीं और।'

'दानिस्ता[2] सामने से जो वो बेखबर गये
दिल पर हज़ार तरह के आलम गुज़र गये।'

उनके पहले संग्रह 'रानाईयाँ' में ऐसे ही कुछ शेरों की बुनियाद पर 'जिगर' मुरादाबादी ने अपने प्राक्कथन में शकील की इस तरह से प्रशंसा की थी – 'इस तरह के कुछ शेर भी अगर कोई व्यक्ति जीवनकाल में कह दे तो मैं उसे उचित अर्थों में शाइर स्वीकार करने को तैयार हूँ।'

उनके एक दूसरे काव्य-संग्रह में जो 'रंगीनियाँ' के नाम से नया इदारा लाहौर से 1961 ई. में प्रकाशित हुआ था; मशहूर गीतकार और शाइर साहिर लुधियानवी ने उनकी शाइरी को सराहते हुए लिखा था – 'शकील किसी विशेष सोच या वर्ग विशेष के दृष्टिकोण से बँधे हुए नहीं हैं, वे एक निश्छल और संवेदनाशील कलाकार के तौर से जो कुछ देखते या महसूस करते हैं उसे भाषा और बयान के सम्पूर्ण सौन्दर्य के साथ पाठक के सामने रख देते हैं। उनकी आवाज़ एक संशोधक, सुधार की आवाज़ नहीं, एक गायक की आवाज़ उनकी प्रमुख विशेषता कहने का आकर्षण और अहसास का अनुशासन है।'

'शकील' मुशायरों में अकेले नहीं जाते थे, जहाँ भी बुलाए जाते थे, अपने प्रशंसकों और शिष्यों का पूरा समूह अपने साथ लाते थे। इनमें शिफ़ा ग्वालियर, सबा

1. बातचीत में व्यस्त।
2. जानबूझकर।

अफ़गानी, कमर भुसावली और बहुत से छोटे-बड़े शाइर होते थे। इस सभी के खर्चे मुशायरा कमेटी के ज़िम्मे होते थे। इस हिसाब से वो काफ़ी महँगे शाइर थे, लेकिन उनकी आमद हर शहर के लिए ऐसी साहित्यिक घटना समझी जाती थी; जो बरसों तक याद रखी जाती थी।

मैंने पहली बार उन्हें ग्वालियर में मेले के मुशायरे में देखा और सुना था। गर्म सूट और टाई, ख़ूबसूरती से सँवरे हुए बाल और चेहरे की आभा से वे शाइर से अधिक फिल्मी कलाकार नज़र आते थे। मुशायरा शुरू होने से पहले वे पंडाल में अपने प्रशंसकों को अपने ऑटोग्राफों से नवाज़ रहे थे। उनके होंठों की मुस्कुराहट कलम की लिखावट का साथ दे रही थी। शकील को अपने महत्व का पता था। वे यह भी जानते थे कि उनकी हर हरकत और इशारे पर लोगों की निगाहें हैं।

वे कैमरे के सामने किसी नपे तुले अन्दाज़ में कुर्सी पर टाँग पर टाँग रखे बैठे थे। ऐसे ही मुस्कुराते थे, और यो ही गम्भीर हो जाते थे।

इस मुशायरे में 'दाग़' के अंतिम दिनों के प्रतिष्ठित मुकामी शाइरों में हज़रत नातिक गुलावटी, को भी नागपुर से बुलाया गया था। लम्बे पूरे पठानी जिस्म और दाढ़ी रोशन चेहरे के साथ वो जैसे ही पंडाल के अन्दर घुसे, सारे लोग सम्मान में खड़े हो गये।

शकील इन बुजुर्ग के स्वभाव से शायद परिचित थे, वे उन्हें देखकर 'नातिक' साहब का ही एक लोकप्रिय मत्ला पढ़ते हुए उनसे हाथ मिलाने के लिए आगे बढ़े :

'वो आँख तो दिल को लेने तक बस दिल की साथी होती है,
फिर लेकर रखना क्या जाने दिल लेती है और खोती है।'

लेकिन मौलाना नातिक इस प्रशंसा स्तुति से खुश नहीं हुए। उनके माथे पर उन्हें देखते ही बल पड़ने लगे। वे अपने हाथ की छड़ी को उठा-उठा कर किसी स्कूल के उस्ताद की तरह भारी आवाज़ में बोल रहे थे – 'बर्खुरदार मियां शकील! तुम्हारे तो पिता भी शाइर थे और चाचा मौलाना ज़िया-उल-क़ादरी भी प्रामाणिक उस्ताद शाइर थे। तुमसे तो छोटी-छोटी ग़लतियों की उम्मीद हमें नहीं थी। पहले भी तुम्हें सुना-पढ़ा था मगर कुछ दिन पहले ऐसा महसूस हुआ कि तुम भी उन्हीं तरक्की पसंदों में शामिल हो गये हो, जो रवायत और तहज़ीब के दुश्मन हैं।'

'शकील' इस अचानक आक्रमण के लिए तैयार नहीं थे। वे घबरा गये लेकिन बुज़ुर्गों का सम्मान उनके स्वभाव का हिस्सा था। वे सबके सामने अपनी आलोचना को मुस्कुराहट से छुपाते हुए उनसे पूछने लगे 'हज़रत आपकी शिकायत वाज़िब है लेकिन मेहरबानी करके ग़लती की निशानदेही भी कर दें तो मुझे उसमें सुधारने में सुविधा होगी। आप फ़रमायें कहाँ मुझसे भूल हुई है?'

'बर्खुरदार आजकल तुम्हारा एक फिल्मी गीत रेडियो पर अक्सर सुनाई दे जाता है, उसे भी कभी-कभार मजबूरी में हमें भी सुनना पड़ता है उसका पहला शेर यों है :

'चौंदहवीं का चाँद हो या आफ़ताब हो,
जो भी हो तुम ख़ुदा की कसम लाज़वाब हो।'

मियाँ इन दोनों मिसरों का वजन अलग-अलग है। पहले मिसरे में तुम लगा देने से यह दोष दूर किया जा सकता था। कोई और ऐसी ग़लती करता तो हम नहीं टोकते, मगर तुम हमारे दोस्त के लड़के हो, हमें अज़ीज़ भी हो इसलिए सूचित कर रहे हैं। बदायूँ छोड़कर मुम्बई में भले ही बस जाओ मगर बदायूँ की विरासत का तो निर्वाह करो।'

शकील अपनी सफाई में फिल्मों में संगीत और शब्दों के रिश्ते और उनकी पेचीदगी को बता रहे थे। उनकी दलीलें काफी सूचनापूर्ण और उचित थीं, लेकिन मौलाना 'नातिक' ने इन सबके जवाब में सिर्फ़ इतना ही कहा – 'मियाँ हमने जो 'मुनीर शिकोहाबादी' और बाद में 'मिर्ज़ा दाग़' से सीखा है उसके मुताबिक तो यह ग़लती है और माफ़ करने लायक ग़लती नहीं है। हम तो तुमसे यही कहेंगे, ऐसे पैसे से क्या फ़ायदा, जो रात दिन फ़न की कुर्बानी माँगे।' उस मुशायरे में नातिक साहब को शकील के बाद अपना कलाम पढ़ने की दावत दी गई थी। उनके कलाम शुरू करने से पहले शकील ने खुद माइक पर आकर कहा था – 'हज़रत 'नातिक' इतिहास के ज़िंदा किरदार हैं। उनका कलाम पिछली कई नस्लों से ज़बान और बयान का जादू जगा रहा है, कला की बारीकियों को समझने का तरीका सिखा रहा है और मुझ जैसे साहित्य के नवागंतुकों का मार्गदर्शन कर रहा है। मेरी गुज़ारिश है आप उन्हें उसी सम्मान से सुनें, जिसके वे अधिकारी हैं।'

शकील पुरबहार इंसान थे। उनके स्वभाव का लचीलापन उनके धार्मिक मूल्यों की पहचान था। वो प्रगतिशील लोगों के खिलाफ़ थे, अगर यह कहा जाये तो गलत नहीं होगा। वे इस विरोधी जंगी मैदान के अकेले पथ-प्रदर्शक थे। अपनी एक नज़्म 'फिसीह-उल-मुल्क' दाग़ के हुजूर में उन्होंने 'साइल देहलवी', 'बेखुद सीमाब' और नूह नारवी आदि का उल्लेख करते हुए दाग़ की क़ब्र से वादा भी किया था :

'ये दाग़, दाग़ की खातिर मिटा के छोड़ेंगे,
नये अदब को फ़साना बना के छोड़ेंगे।'

पता नहीं उन्होंने नये अदब को फ़साना बनाया या खुद इस विरोध में अफ़साना बन गये लेकिन यह सच्चाई है कि अपने आख़िरी दौर में वे अदब के उन बदलावों से प्रभावित होने लगे थे, जो शुरू में उन्हें पसन्द नहीं थे। ग़ज़ल में नये शब्दों का प्रयोग

और विषय की ख़ासियतें उनकी रवायतपसंदी को स्वीकार करने लगी थीं। इस परिवर्तन को सँवारने-निख़ारने की उन्हें फुर्सत नहीं मिली :

'अजब होती जाती है कुछ हालते दिल,
कोई छीन ले जैसे पढ़ते में नॉविल।'

'मेरी बर्बादी को चश्मे मोतबर से देखिये
मीर का दीवान 'ग़ालिब' की नज़र से देखिये।'

'अल्लाह तो सबकी सुनता है जुर्रत है 'शकील' अपनी-अपनी,
'हाली' ने जुबां से कुछ न कहा 'इक़बाल शिकायत' कर बैठे।'

'शकील' के जीवन-काल में उनके कई काव्य संग्रह प्रकाशित हुए थे। 'रानाईयाँ', 'शबिस्ताँ', 'देरो-हरम', 'रंगीनियाँ' उनमें से कुछ के नाम हैं। ग़ज़लों और नज़्मों के इन संग्रहों के साथ एक नात और मन्क़बत का संग्रह 'नग्म-ए-फ़िरदौस' के नाम से भी प्रकाशित हुआ था। उनकी आख़िरी ग़ज़ल जो रोग-शय्या में रची गयी थी, उसका मक़्ता[1] है :

'वो उठे हैं लेके ख़ुमों सबू[2], अरे ऐ शकील कहाँ है तू ?
तिरा जाम लेने को बज़्म में कोई और हाथ बढ़ा न दे।'

उन्हें जाम अज़ीज़ था लेकिन कुदरत की नज़र में सब कुछ नाचीज़ था।

□

1. ग़ज़ल का वह आख़िरी शेर जिसमें शाइर अपना उपनाम लाता है।

2. झुकाव एवं घड़ा।

कृष्ण अदीब

शराब के सरूर में ग़ज़ल की जुल्फें सँवारने वाला शाइर

"वो उर्दू के माध्यम से दोनों राष्ट्रों को अटूट समझते थे। वो एक ही वक्त दोनों राष्ट्रों में एक साथ रहते थे।"

कृष्ण अदीब

कई साल पहले की बात है, लुधियाना में मुशायरा था। लुधियाना पंजाब में था और सारा पंजाब गोली, तलवार और बमों के धमाकों से बेताब था। जगह-जगह बंदूकधारी फौजी नज़र आते थे। सारे क्षेत्र में दहशत फैली हुई थी। अक्ल कहती थी नहीं जाओ, पेट कहता था होकर आओ। पेट की सलाह पर कार्य किया, हाथ में संदूक लिया और चल दिया। आधुनिक विज्ञान कहता है कि इंसान के दो दिमाग होते हैं, एक सर में होता है, दूसरा पेट में। हिन्दुस्तान की आबादी का तीन चौथाई से अधिक भाग पेट से ही सोचता है। पेट ही रास्ता सुझाता है, यही रिश्ते बनाता-मिटाता है, यही अपनी नींद सुलाता है, अपनी जगार जगाता है।

लुधियाना में रेल सूर्योदय से दो घंटे पहले पहुँच गयी थी। इलाक़ाई हालात के तहत जो कानून बनाया गया था उसके अनुसार सारे स्थानीय और बाहर के मुसाफ़िरों को स्टेशन में ही रोशनी होने तक रुकना था। दूसरे यात्रियों की तरह मैं भी मुसाफ़िर खाने में एक कुर्सी पर बैठ गया। यात्रा की थकान ने आँखों में नींद भर दी। अखबारों की खबरें, हथियारबंद आतंकवाद बन कर नींद भरी आँखों में घूम रही थीं कि अचानक एक जोर का धमाका हुआ। नींट टूटी तो पता लगा जिसे मैंने बेहोशी में धमाका समझा था वह होश में इकहरे बदन और चेहरे में धँसी हुई आँखें, लम्बे कद और गर्म सूट और टाई का लिबास पहने एक इंसान था। उसके हाथ की उँगलियाँ मेरे कंधे पर थीं और वह अन्जान होते हुए भी परिचित की तरह मुस्कुरा रहा था। भारी ठेठ पंजाबी लहज़े में उसने पूछा :

तुम निदा फ़ाज़ली हो? हो ना-देखो मैंने कैसे पहचाना? निदा फ़ाज़ली मेरा नाम...जी हाँ! मैंने चौंकते हुए जवाब दिया।

उसने मेरे मुँह से जी हाँ सुनते ही उसी आवाज़ में कहा, निदा फ़ाज़ली हो तो यहाँ क्यूँ बैठे हो, चलो मेरे साथ। शकुन्तला श्रीवास्तव से मुझे मालूम हो गया था तुम इसी गाड़ी से आ रहे हो और मैं जानता था तुम्हें सुबह तक बाहर नहीं जाने दिया जायेगा। मैं तुम्हे ही लेने आया हूँ। उसने मेरी अटैची उठा ली और मैं चुपचाप उसके पीछे हो लिया। मैं उसके नाम से वाकिफ़ था। वो उर्दू का पंजाबी शाइर था, उसकी शाइरी साहिर की तरह, रूमानी और इनसानी थी, वो पाकिस्तान के रिसालों में ज़्यादा छपता था।

द्वार पर रेलवे अधिकारियों ने बाहर जाने से रोका तो वह नाराज़ लहज़े में उनसे कहने लगा।

महोदय! आपको शायद ज्ञान नहीं यह शहर 'साहिर लुधियानवी' की नज़्में और ग़ज़लें सुन चुका है। शिव बटालवी की शाइरी की तारीफ़ करता रहा है। यहाँ से एक घंटे के फासले पर जालंधर है, वह हफ़ीज जालंधरी के गीतों से आनंदमग्न हो चुका है। यह इलाका शाइरी का फजारी हैं, अच्छे शाइरों से इसे प्रेम है। यहाँ निदा फ़ाज़ली को कोई खतरा नहीं। ये मेरे साथ जायेंगे और मैं बदनाम शाइर हूँ, कृष्ण अदीब।

इस मुख्तसिर बातचीत के बाद द्वार के पहरेदारों ने हमें बाहर जाने दिया। बाहर निकलते ही उसने टैक्सी ली और कई अँधेरे रास्तों से गुजारकर मुझे सही सलामत एक होटल में पहुँचा दिया। होटल के कमरे की रोशनी में मैंने उसे देखा तो वह कुछ घबराया-घबराया, बेचैन सा नज़र आ रहा था।

इस बेचैनी को बहलाने के लिए वह बार-बार सिगरेट सुलगा रहा था और लम्बे-लम्बे कश लगा रहा था।

जब घबराहट बढ़ने लगी तो वह बैठे-बैठे खड़ा हो गया और कहने लगा। यार तुम्हारे सूरज को निकलने में अभी एक घंटे की देर है, और मेरा सूरज कभी का उदय हो चुका है। इसलिए अब मैं चलता हूँ मुझे पचास रुपये दो शराब पीने के लिए। मैं पहले खुद को शराब पिलाऊँगा फिर थोड़ा जिस्म को सुलाऊँगा उसके बाद शाम को मुशायरे में आऊँगा और तुम्हारे शेर सुनूँगा, अपने सुनाऊँगा। तुम्हारी गाड़ी के इन्तज़ार में सारी शराब उतर गयी। साली शराब थोड़ी देर को आकाश पर ले जाती है, फिर वापस धरती पर ले आती है।

उसकी अनौपचारिकता मुझे पसन्द आयी। मैंने तत्काल सौ का नोट दिया। वह नोट लेकर तेज़ कदमों से गया और थोड़ी देर में वापस आकर पचास रुपये लौटा गया।

कृष्ण अदीब से यह मेरी पहली मुलाकात थी। इसके बाद लुधियाना में और पंजाब के दूसरे इलाकों में भी कई मुलाकातें हुईं। हर बार शराब की चाह उसे मेरे पास लाती थी और मुआवज़ा लेकर चली जाती थी। उससे अंतिम मुलाकात भी लुधियाना

ही में हुई थी। वह दस्तूर के अनुसार मेरे वहाँ पहुँचते ही मुझसे मिलने आ गया था लेकिन इस बार वह पहले जैसा नहीं था। गालों में गड्ढे पड़ चुके थे, आँखों पर चश्मा लग चुका था, कमर झुक चुकी थी। वह अपनी उम्र सें कहीं ज़्यादा बूढ़ा लग रहा था। मैंने उसके आते ही पहले की तरह पैसे निकाल कर देना चाहे लेकिन उसने यह कहकर इनकार कर दिया ''मैंने शराब छोड़ दी है, अब तुम्हें इस उपकार की तकलीफ़ नहीं करनी पड़ेगी।" मैंने उसकी बात सुनकर व्यंग्य किया—यार कृष्ण अदीब, जब तुम्हारे जिस्म में शराब के बिगाड़ने को बहुत था, फेफड़े थे, कलेजा था, दिल था, बदन पर मांसलता थी, आवाज़ थी, देखने की क्षमता थी, तब तो रात-दिन पीते रहे, अब तो इनमें से कुछ भी नहीं रहा अब शराब तुम्हारा क्या बिगाड़ लेगी, जो इसे छोड़ रहे हो। मेरे व्यंग्य पर उसने एक जोर का अट्टाहस लगाया। जिसमें हँसी कम थी आँसू अधिक। उसकी एक ग़ज़ल के शेर हैं :

'सरफिरी पागल हवा का तेज़ झोंका आयेगा,
हसरतों के खुश्क पत्तों को उड़ा ले जायेगा।'

'दूधिया आकाश में किसको सदा देता है तू,
तेरे माजी का परिन्दा अब न वापस आयेगा।'

'ख़्वाहिशों के जंगलों में लज्ज़तों के पेड़ हैं,
इनके साये में जो आयेगा बहुत पछतायेगा।'

हिन्दुस्तान में पंजाब में लभूराम जोश, लाल अमरचंद, 'कैस', पूर्णसिंह 'हुनर', मेलाराम अर्शमलसियानी वगैरह के बाद जो शाइरों की नस्ल उभरी थी उसमें नरेश कुमार 'शाद', प्रेम वारबर्टनी और कृष्ण अदीब अधिक स्पष्ट थे। इनका सम्बन्ध मुशायरों के साथ पत्रिकाओं और किताबों से भी था। शाइर तो इनके साथ और भी थे उनमें से कुछ तो सर्जनात्मक दृष्टि से अब भी सक्रिय हैं, जैसे पृथपाल सिंह बेताब, प्रेम कुमार 'नज़र', जिगर जालंधरी, आजाद गुलाठी, कृष्ण कुमार 'तूर' आदि मगर इन तीनों शाइरों – नरेश कुमार शाद, प्रेम वारबर्टनी और कृष्ण अदीब में जो मिले-जुले मूल्य थे वह उनका रिन्दानापूर्ण रवैया था। नरेश कुमार शाद दिल्ली में जमना नदी में नशे की हालत में अपनी ही परछाईं से बातें करते हुए जमना के हवाले हो गये। प्रेम वारबर्टनी मालेर कोटला की फरानी इमारतों और गलियोंनुमा बाज़ारों को अपनी मदिरापान की कहानी सुनाते-सुनाते खुद कहानी बन गये। कृष्ण अदीब इन दोनों से अधिक मेहनती सख्त जान थे। वे 72 साल तक लगातार ज़िन्दगी को ढोते रहे। सत्तर वर्ष पूर्ण होने पर 'वज़ीर आग़ा' ने 'औराक' में उन पर एक विशेषांक भी निकाला था। इसमें उनकी

शाइरी और व्यक्तित्व पर बलराज कोमल, हामिदी कश्मीरी, 'आजाद गुलाठी', 'वज़ीर आग़ा' ने लिखा था। इस अंक में स्वयं कृष्ण अदीब ने भी अपना एक संक्षिप्त सा जीवन परिचय लिखा था। अपने बारे में उनकी राय यों है :

'सत्तर वर्ष की जीवन यात्रा एक लम्बी दास्तान है। बचपन बदनसीबी में गुजरा, जवानी शाइराना बीती हालाँकि पिता स्कूल के प्रधानाध्यापक थे लेकिन मुझे पढ़ने से दिलचस्पी नहीं थी। रिज़ल्ट में लिखा होता कि उर्दू के अलावा दूसरे विषयों में फेल है। घर में स्टालिन की शक्ल के मूँछों वाले पिता की मार और स्कूल में टीचरों की फटकार मुझे हर समय खौफ़ज़दा रखती थी।'

वज़ीर आग़ा ने उसके बारे में लिखा : "कृष्ण अदीब उम्र भर अपने अंदर के राक्षस के सामने बेकार रहा है। जीवन के आखिरी दिनों में ग़ालिब के शब्दों में—जब बलवान शिथिल हो जाते हैं, तब उसके अंदर का यह बंदी मूँछों पर ताव देता शरीर के घेरे से बाहर आता है, और अपने हमले का खुल्लमखुल्ला प्रदर्शन करने लगा है।

'बलराज कोमल' ने इसे अपेक्षाकृत नज़दीक से देखा था। वो उसकी उद्दंडता के हर पहलू से परिचित थे। वो कहते हैं :

''कृष्ण अदीब की शाइरी सन् पचास से शुरू हुई। इस शुरुआत को उसने अपने एक ख़त में एक ऐसी रूमानी घटना से सम्बोधित किया है, जिससे उम्र के एक खास दौर में सभी गुजरते हैं लेकिन कृष्ण अदीब की आवारामिज़ाजी ने उसे किसी एक रूमानी घटना तक क़ैद नहीं रखा। वे लगातार ऐसे हादसों से दो-चार होते रहे और हर हादसे में किस्त के रूप में खुद को खोते रहे। इन रूमानी हादसों की फेहरिस्त का अंतिम नाम मोना था। मोना उनके जीवन में उस समय आयी, जब आदमी लम्बे सफ़र की थकान के बाद किसी साये की तलाश करता है।"

श्रीमती अदीब ने कई हादसों से टूटे-फूटे कृष्ण अदीब को अपनी नर्सिंग दक्षता से जोड़-जाड़ के कुछ क्षण के लिए चुस्त-दुरुस्त तो कर दिया लेकिन इमारत में मरम्मत देर से हुई थी उसमें बहुत कुछ टूट-फूट चुका था इसलिए जल्द ही कभी पलस्तर झड़ने लगा, कभी दालान बिगड़ने लगा और फिर पूरी चलती-फिरती बिल्डिंग हरहरा कर ढह गयी।

'कृष्ण अदीब' की एक नज़्म का अंतिम बंद है :

'अगरचे मैं इस इम्तियाज़े[1]—बहारों-खिज़ाँ[2] से भी मावरा[3] हो चुका हूँ,
मगर खुद से मैं पूछता हूँ,

---

1. दो एक-सी चीजों में भेद करना, विवेक।

2. बसंत एवं पतझड़।

3. परे।

कि ये कौन है
जिसके पाँव में बुलबुल के नग़में की ज़ंजीर सी है
जो अब भी किसी आने वाले हसीं मौसमे-गुल की रह तक रहा है।

कृष्ण अदीब कई काव्य संग्रहों वाले शाइर थे, पहला संग्रह आज से तीस वर्ष पहले प्रकाशित हुआ था। उसका नाम 'आग की परछाइयाँ' था। मक़्तबा-ए-दीनो-अदब की तरफ से एक और संग्रह 'फूल, पत्ते और खुशबू' प्रकाशित हुआ।

देवनागरी में भी एक किताब 'शाम के बाद' है। इन काव्य संग्रहों के अलावा उन्होंने गद्य में भी एक किताब 'साहिर यादों के आईने में' लिखी। इस किताब में 'कृष्ण अदीब' ने लुधियाना के 'साहिर' से अपनी नज़दीकी का जिक्र दिलचस्प अंदाज़ में किया है। इसमें साहिर और अमृता प्रीतम की दोस्ती के जिक्र में 'अमृता के घर में उन सिगरेटों के टुकड़ों के भी पात्र हैं, जो साहिर के चले जाने के बाद अमृता के होंठों से लग जाते थे और सुलग-सुलग के उन्हें साहिर के शेर सुनाते थे। इन सिगरेटों के टुकड़ों के रोमांस के बारे में गोपाल मित्तल ने अपनी किताब में विस्तृत वर्णन किया है।

'कृष्ण अदीब' उन शाइरों में थे जो राजनीति के राष्ट्रीय और भाषा सम्बन्धी विभाजन को मानने से इनकार करते थे। वो उर्दू के माध्यम से दोनों राष्ट्रों को अटूट समझते थे। वो एक ही वक्त दोनों राष्ट्रों में एक साथ रहते थे। उनका ज़िस्म हिन्दुस्तान में रहता था लेकिन दिमाग़, फ़ैज़, इब्ने इंशा और क़तील शिफ़ाई के पाकिस्तान में रहता था।

कृष्ण का कलाम भी अफ़्कार, औराक, तख़्लीक और सीप जैसी पाकिस्तानी पत्रिकाओं में अधिक नज़र आता था। राष्ट्रीय एवं भाषा के सम्बन्ध में विभाजन को न मानने की जिद नशे में अक्सर प्रचंडता धारण कर लेती थी जिसकी वजह से कभी-कभी स्थानीय नेताओं से हाथापाई हो जाती थी।

एक बार अमृतसर में शराब की महफिल में नाराज़ होकर वे अमृतसर पार करके वाघा की सरहद पर पहुँच गये थे। जब सीमा के रक्षकों ने उन्हें रोकना चाहा तो वे नशे में चिल्लाने लगे "आप बकवास करते हैं, ये विभाजन झूठा है। फ़ैज़ और साहिर की शाइरी न विभाजित हुई है, न होगी। ए. हमीद और कृष्ण चन्द्र के उपन्यासों को राजनीति नहीं बाँट सकती है। बाबा नानक और बाबा फ़रीद हमारी सांझी विरासत हैं। यह बँटवारा सिर्फ राजनीति है, जो भर्त्सना के लायक है।"

कृष्ण अदीब की बातें सरहद के सिपाहियों की समझ में नहीं आयीं। वे उसे पागल समझकर बंद करना चाहते थे कि इतने में एक ऊँघते हुए सरदार जाग पड़े। उनकी नज़र कृष्ण अदीब पर पड़ गयी। वे कृष्ण अदीब को नाम से भी जानते थे और

सूरत से भी पहचानते थे। उसने उठकर न सिर्फ कृष्ण को सिपाहियों से छुड़ाया बल्कि सीमा पार के अपने समकक्ष कप्तान को भी वायरलैस पर बताया कि एक उर्दू का शाइर कृष्ण अदीब इस वक़्त हमारे पास है। वह मेरे-तुम्हारे दो मुल्कों के बीच किसी सरहद को नहीं मानता। आपका क्या ख़्याल है, उसे आपकी तरफ आने दें। वह, अहमद नदीम क़ासिमी और 'हबीब जालिब' से मिलना चाहता है। सीमा पार के कप्तान ने जोरदार अट्टहास करते हुए जवाब दिया :

"बात तो आपका शाइर सही करता है लेकिन हर सच्चाई राजनीति के काम की नहीं होती। उसे सरदार जाफ़री का मिसरा सुनाकर वापस उसके घर भेज दीजिए। सच बात आजकल नशे में ही की जाती है।"

'मैं इस सरहद पर कब से मुंतजिर हूँ सुबहे-फर्दा का।'

कृष्ण अदीब की शाइरी वैयक्तिक रूमानी और सामूहिक बेचैनी का अनुलेख है। वह साहिर की दोस्ती में प्रगतिशील बनने गया था लेकिन अपने मिजाज़ और ढंग से वह क़तील, अहमद और साहिर की रूमानी शाइरी की आशिकाना शाख पर अपना घोंसला बनाता नज़र आता है। वह एक धर्मनिरपेक्ष स्वभाव का अविभाजित हिन्दुस्तान का उर्दू शाइर था।

'जब भी आती है तिरी याद कभी शाम के बाद,
और बढ़ जाती है अफ़्सुर्दा दिली शाम के बाद।

यूँ तो हर लम्हा तिरी याद में बोझल गुजरा,
दिल को महसूस हुई तेरी कमी शाम के बाद।

मिटे गुल रंग से रोशन करो तारों के चिराग़,
वरना बुझ जाएगी ये तीराशबी शाम के बाद।'

उसकी काव्य सेवाओं के लिए पंजाब सरकार ने उसे शिरोमणि इनाम से नवाज़ा था। उसकी कई ग़ज़लें, कई गायकों की आवाज़ में ढली हुई हैं। जगजीत सिंह की आवाज़ में उसकी एक ग़ज़ल शाम के बाद बहुत लोकप्रिय भी हुई। मेरा एक शेर है :

'उठता है दिलों जां से धुआँ दोनों तरफ ही,
ये मीर का दीवाना यहाँ भी है वहाँ भी।'

□

रियाज़ जेवरी

उर्दू की मोहब्बत का दीवाना फ़नकार

"उन्हें पाँच हज़ार तक के पहाड़े याद थे। कोई भी पहाड़ा जैसे 3174 या 1334 या और कोई पूछ लीजिए, वे बिजली की तरह फर-फर सुना देते थे।"

रियाज़ जेवरी

आज से पचपन साल पहले ग्वालियर एक स्वतंत्र सिंधिया रियासत थी। जीवाजी राव इसके शासक थे। इस रियासत के हर छोटे-बड़े शहर में प्राथमिक स्कूलों में हर सुबह पढ़ाई से पहले एक प्रार्थना गीत गाया जाता था। जिस स्कूल में मैं था उसमें तीसरी कक्षा से आठवीं कक्षा के सारे लड़के एक खुले मैदान में सर झुकाये खड़े होते थे। तीन मधुर कंठ वाले लड़के उस प्रार्थना गीत को गाते थे। अन्य सभी समूह गान में रहते थे। इस गीत (नज़्म) का अंतिम शेर इस तरह था :

'शानो शौक़त सिंधिया सरकार की कायम रहे,
ये हुकूमत चाँद सूरज की तरह कायम रहे।'

इस नज़्म के शाइर मास्टर रियाज़ थे जो रियाज़ जेवरी के उपनाम से मशहूर थे। वे इन दिनों प्राथमिक स्कूल से पदोन्नत होकर शहर से थोड़ा दूर शहर के एकमात्र हाई स्कूल में उप प्रधानाध्यापक थे। प्राथमिक स्कूल हजूरात से आठवीं पास करके मेरा प्रवेश भी इस स्कूल में हुआ था।

गोल गोरा चेहरा, मँझला कद, आँखों पर पतली काली कमानी का गोल शीशे का चश्मा, भरा हुआ ज़िस्म, चौड़े पायचों का टख़नों से ऊपर का पायजामा, गर्मी में किसी मोटे कपड़े का सूती कोट, जाड़े में उसी कोट के नीचे रूई की बंडी और हाथ में एक छतरी जो गर्मी, सर्दी, बरसात में हर समय उनके साथ होती थी। चलने में छड़ी का काम करती थी। खुलने पर धूप और पानी से सर का बचाव करती थी।

रियाज़ साहब इतनी दुनिया देख चुके थे कि अब चलते वक़्त ज़मीन के अतिरिक्त कुछ और देखना पसन्द नहीं करते थे। कोई आवाज़ देकर टोकता था तो ऐसी नज़रों से देखते थे जैसे कहीं दूर-दराज़ के इलाके से आ रहे हों। टोकने वाले के

लिए वे रुकते नहीं थे उसे स्वयं उनके साथ-साथ चलना पड़ता था। उनकी रफ़्तार नहीं बदलती थी। उनके साथ जो होता था, उसे उन्हीं के कदमों के अनुसार अपनी चाल घटानी-बढ़ानी पड़ती थी।

'रियाज़ साहब' का जन्म 1899 ई. में हुआ। शाइरी विरासत में मिली थी। उनके पिता जेवर (उत्तर प्रदेश) के एक जमींदार खानदान से थे। नाम हसीमुद्दीन था। शाइरी घर बार की फ़िक्र से पूरी तरह बेफ़िक्र थी, इसलिए 'आज़ाद' उपनाम का चयन किया था। उपनाम के रिआयत से जीवन में भी आवश्यकता से अधिक आज़ाद तबीअत के थे।

'रियाज' साहिब को बचपन से ही ज़िन्दगी ने आँखें दिखाना शुरू कर दी थीं। वे जेवर (बुलन्दशहर का एक इलाका) छोड़कर इटावा आ गये। इटावा में इस्लामिया उच्च विद्यालय में शिक्षा प्रारम्भ की। यहाँ उनके सहपाठियों में उन्हीं के हमउम्र एक विद्यार्थी थे जो उनके दोस्त बन गये थे। उनका नाम जाकिर हुसैन था जो बाद में हिन्दुस्तानी इतिहास में राष्ट्रपति डॉ. जाकिर हुसैन के नाम से जाने गये।

इस्लामिया उच्च विद्यालय इटावा में जाकिर हुसैन अपनी भाषण कला और रियाज़ साहिब अपनी शाइरी से विद्यार्थियों में जाने जाते थे। समय के साथ रियाज जेवरी की शाइरी स्कूल अध्यापक तक आकर ठहर गयी और जाकिर हुसैन की भाषण कला राजनीति की प्रतिष्ठा बनकर निखर गयी।

दोनों के हालात में भी काफी फ़र्क था। रियाज साहिब सांसारिक दुखों के मारे थे। जाकिर साहिब अच्छे घराने के सितारे थे। घरेलू माहौल के अन्तर ने दोनों की दिशाओं का निर्धारण किया। जाकिर शिक्षा के लिए परदेस रवाना हुए और ये अपने देस में ही शिकारे-ज़माना हुए। उन्हीं का शेर है :

'हयाते-ग़मगीं की तल्खियों को इसी तरह खुशगवार कर लूँ,
खुशी नहीं साज़गार मुझको तो ग़म को ही साज़गार कर लूँ।'

रियाज़ साहिब ने बड़े सलीके से अपने दुःखों को अनुकूल किया। वे दुःखों से पराजित नहीं हुए, दुखों को निरन्तर परास्त करते हुए जीवन जीते रहे। शिक्षा की निरन्तरता सांसारिक दुखों से बाधित होने, रुकने के बाद भी जारी रही। नौकरी में रहते हुए उन्होंने पहले बी.ए. किया, फिर अलीगढ़ मुस्लिम यूनिवर्सिटी से उर्दू में, फिर फारसी में एम.ए. किया लेकिन इन डिग्रियों के बावजूद वे प्राथमिक स्कूल के टीचर से उच्च स्कूल के अध्यापक तक ही पहुँच पाये। आगे नहीं बढ़ पाये। उनकी इस सुस्त रफ़्तारी में उनके स्वभाव एवं उन मूल्यों का हाथ अधिक था जो उन्हें अज़ीज़ रहीं।

एक बार जाकिर साहिब उपराष्ट्रपति बनने के बाद ग्वालियर आये थे। उनके वहाँ अल्पसमय के लिए ठहराव के दौरान उनसे मिलने वालों की जो सरकारी सूची बनाई गयी थी उसमें मास्टर रियाज़ का नाम भी था। उस सूची में एक अपरिचित नाम की वृद्धि जाकिर साहिब ने खुद अपने पैन से की थी। रियाज़ साहिब उनसे मिले। जाकिर साहिब ने उनसे पूछा, "काज़ी साहब (रियाज़ साहब को दोस्त काज़ी कहते थे) आप इतनी डिग्रियों के साथ अभी तक हाई स्कूल में अध्यापक क्यूं हैं? आप बताइये मैं आपके लिए क्या कर सकता हूँ?"

''जाकिर साहिब भारत सरकार के एक प्रमुख व्यक्ति थे। उनके एक इशारे से रियाज़ साहिब की डिग्रियों पर जमी हुई समय की धूल साफ होकर किसी बड़ी संस्था की प्रतिष्ठा बन सकती थी, लेकिन रियाज़ साहिब ने उनकी मेहरबानियों के जवाब में संक्षिप्त में इतना ही कहा, "मेरे लिए आप सिर्फ इतना कर दीजिए कि उर्दू भाषा जो स्वतंत्रता के बाद राजनीति के घिराव में है उसकी सुरक्षा करें।

मेरी ख़्वाहिश है कि मेरी ज़िन्दगी तक यह खूबसूरत भाषा विरासत के तौर पर नयी नस्ल को मिले। मैं तो जो होना था वह हो चुका, लेकिन वे बच्चे जो मेरे बाद आयें, वे इस भाषा से वंचित न हो जाएँ।"

पता नहीं डॉ. जाकिर हुसैन ने उनके दर्द का निवारण किया या नहीं, लेकिन रियाज़ साहिब अपने सीमित साधनों एवं दायरों में उसका इलाज अवश्य करते रहे। वे सुबह से शाम तक एक घर से दूसरे घर तक भटकते रहते। विद्यार्थियों का मार्गदर्शन करते रहते, बच्चों को उर्दू पढ़ाने के लिए माता-पिता को समझाते रहते, साहित्यिक सभाएँ सजाते रहते, दूसरों को शाइर बनाते रहते, लहक-लहक कर अपने शेर सुनाते रहते, उन्हीं का शेर है :

'अमल से अब ये फ़रियादें बदल जायें तो अच्छा है,
ये आहें ज़हद के साँचे में ढल जायें तो अच्छा है।'

रियाज़ साहिब नूह नारवी के प्रतिष्ठित शिष्यों में थे। शेर तरन्नुम में सुनाते थे और पहले मिस्रे से ही हंगामा मचाते थे। आवाज़ अच्छी थी। उनका तरन्नुम माला के मनकों की भाँति छोटी-छोटी गोलाइयाँ बनाता हुआ मिसरे को सम्पूर्णता तक पहुँचाता था। पूरा मिसरा इस तरह एक साँस में प्रस्तुत किया जाता था। दूसरे मिसरे में पहले शब्द से ही ऊँचे सुरों में रुकती-बढ़ती गोलाइयाँ काफ़िये (अनुप्रास) पर आकर ठहर जाती थीं, रदीफ़ बोलती हुई होती थी, उसे सारी महफ़िल दोहराती थी। बोले हुए काफ़िये एवं खनकती हुई रदीफ़ उनके काव्यशाला की विशेषताओं में थी।

जब दाद से महफिल कोलाहलपूर्ण होती थी, तो वे चारों तरफ़ घूम-घूम कर सलाम करते रहते थे और जब शोर रुकता था तो फिर पूरे शेर में सिर्फ़ काफ़िया और रदीफ़ को तरन्नुम से दोबारा सुनाते थे और दूसरा शेर उसी साँस में उठाते थे।

वे हर मुशायरे के प्रारम्भ में शगुन के रूप में 'नूह' साहिब के दो-तीन शेर जरूर पढ़ते थे। नूह साहिब के शेरों की सादगी, बोलचाल एवं फारसी के मिश्रण से स्वतंत्र काव्य भाषा से सारी महफिल झूम उठती थी। जब इस तरह माहौल बन जाता था तो मास्टर रियाज़ का कलाम भी श्रोताओं को आन्दोलित करता था।

अमीर और दाग़ के शिष्यों का एक गुण अपने उस्तादों की काव्य-शैली का अनुसरण भी था। हर शिष्य अपने कलाम को उस्ताद के कलाम से मिलता-जुलता करने को ही शाइरी की कसौटी समझता था। दाग़ और अमीर की परम्परा जो तीन चार काव्य पीढ़ियों से गुज़र के औलाद हुसैन तौबा, सुखदेव प्रसाद बिस्मिल, दुआ डिबाईबी, रियाज़ जेवरी, जेबा नारवी, अजीज़ सलोनवी, बालकृष्ण मौज़ तक पहुँची थी। इनमें सभी अपने-अपने मिजाज़ के अनुसार उस्ताद की पैरवी करते नज़र आते हैं।

यह और बात है यह पैरवी कलाम के बाह्य रूप की होती है, शब्दों के पीछे जो व्यक्तित्व कार्यशील होता है वह इस अनुसरणीय रवैये में शामिल नहीं हो पाता लेकिन साहित्य में इस परम्परा ने भाषा एवं कथन की शिष्टता, सीधे रवां मिसरों की मधुरलयता, भाषा की नाटकीयता, बनाव-सजाव की पद्धति को जरूर जीवित रखा है, जिनसे आज के हकलाते हुए लहज़े एवं शब्दों के संगीत से नावाकिफ़ बहुत कुछ सीख सकते हैं। रियाज़ साहिब के इस प्रकार के शेर हैं :

'लुत्फ़ नहीं, सुकूं नहीं, चैन नहीं, खुशी नहीं,
ये भी है कोई ज़िन्दगी, ये कोई ज़िन्दगी नहीं।'

'माना कि जोर हद से सिवा कीजियेगा आप
जब ये भी कर चुकेंगे तो क्या कीजियेगा आप?'

'शबे-माह[1] में घर से निकलो न बाहर अवेरे-सवेरे अकेले-दुकेले,
कहीं हों न जायें तसद्दुक[2] सितारे, कहीं चाँद रूख[3] की बलायें न ले ले।''

इस शैली की शाइरी के साथ बाद में उनके कलाम में बदलते हुए समाज और राजनीति के रस्मो रिवाज़ भी सामने आये थे लेकिन यह उनके यहाँ वकती परिवर्तन की

---

1. चाँदनी रात।
2. न्यौछावर।
3. चेहरा, मुख।

भाँति था जो उनकी शाइराना तबीअत से सम्बन्ध नहीं रखती थी। उन्होंने स्वयं भी कहा है :

'हरचंद अब बदल गयी तर्ज़े ग़ज़ल 'रियाज़'
मैं अपने ज़ौकों रंगें तबीअत को क्या करूँ?'

इस रंग ढंग की ग़ज़ल की प्रेमिका अक्सर सौन्दर्य के बाज़ार की रौनक होती थी। हैदराबाद में तो 'दाग़' की महफिल सजाने के लिए एक ही वक़्त में कई तवायफ़ें नौकरी पर थीं। उनके शिष्यों और शिष्यों के शिष्य भी इस काव्य परम्परा के तहत 'ग़ज़ल' के लिए सौन्दर्य जगत की सैर को उचित समझते थे। रियाज़ साहिब भी जब इटावा से निकल कर ग्वालियर के किसी कस्बे में बरसरे रोज़गार थे तो घर में पत्नी के होते हुए किसी सुन्दरी की अदा के शिकार थे। उनके विरोधियों ने उनके इस कृत्य की शिकायत शासक तक पहुँचा दी।

स्कूल के उस्ताद की यह हरकत सज़ा के योग्य समझी गयी। जब यह शिकायत नौकरी के लिए खतरा बन गयी तो मास्टर रियाज़ ने अपने किसी डॉक्टर दोस्त से प्रमाण पत्र लेकर प्रस्तुत कर दिया। इस प्रमाण पत्र में पुष्टि की गयी थी कि वे कुदरत के हाथों मजबूर हैं और स्त्री-पुरुष के शारीरिक सम्बन्ध से प्राकृतिक रूप से दूर हैं। यह झूठा प्रमाण पत्र जो नौकरी बचाने के लिए तैयार किया गया था, मास्टर रियाज़ ने उसे सच बनाकर जीवन भर निर्वाह किया।

महात्मा बुद्ध ने साहिबे-औलाद[1] होने के बाद सच्चाई के लिए संन्यास लिया था। उन्होंने तमाम उम्र बे औलाद होकर नौकरी की खातिर बनवास लिया था। औलाद की इस कमी ने शहर के सभी बच्चों को उनकी संतान बना दिया था। स्कूल में गरीब विद्यार्थियों की फीस से लेकर उनकी कापी-पेंसिल, किताबों एवं कपड़ों के खर्चे भी उनकी सीमित तनख़्वाह से पूरे होते थे।

सेवानिवृत्ति के बाद भी उनकी ये तालीमी रिश्तेदारियाँ इसी तरह जारी रहीं। उनका घर जो एक सादे-से कच्चे बरामदे और एक कमरे पर निर्धारित था, रात-दिन पढ़ने लिखने वाले लड़के-लड़कियों से घिरा रहता था। रियाज़ साहिब की पत्नी ज़रा ऊँचा सुनती थीं। उनकी संगति में रियाज़ को भी ऊँची आवाज़ में बात करने की आदत पड़ गयी थी। उनकी आदत से बाहर बैठे हुए अतिथियों को उनके कहे बगैर घर का भीतरी हाल मालूम होता रहता था और वे अक्सर रियाज़ साहब के बाहर आने से पहले बिना चाय पिये चले जाते थे। उनका राशन, दूध एवं चाय का बड़ा भाग उन

1. संतानवान।

लड़के-लड़कियों पर खर्च होता था जो उनसे बिना फीस के पढ़ने आते थे। उनकी आवभगत में रियाज़ साहिब की पत्नी भी हर वक़्त व्यस्त नज़र आती थीं, उनकी आत्मीयता मिठाई या मलाई बनकर मुझे भी अक्सर लुभाती थी।

रियाज़ साहिब शाइर होने के साथ गणित के अच्छे ज्ञाता थे। उन्हें पाँच हज़ार तक के पहाड़े याद थे। कोई भी पहाड़ा जैसे 3174 या 1334 या और कोई पूछ लीजिये, वे बिजली की तरह फर-फर सुना देते थे। बड़े से बड़े हिसाब को तुरन्त ज़बानी बता देते थे। अपनी इस दक्षता का उपयोग उन्होंने अपनी ज़िन्दगी के लाभ-हानि में कभी नहीं किया।

9 जुलाई, 1974 के दिन यह मधुर कंठ वाला शाइर, उर्दू का उपासक, विद्यार्थियों का शुभचिंतक, अपने पराये सबका हमदर्द हमेशा के लिए विदा हो गया लेकिन उनके घर के सामने की छोटी-सी मस्ज़िद, उसके बराबर में खड़ा जामुन का पेड़, बरामदे में पड़े बड़े लकड़ी के दो तख़्त और शहर के बहुत से विद्यार्थियों के साथ वे अब भी चलते-फिरते नज़र आते हैं और मुस्कुराते हुए समझाते हैं :

'जंग जुल्मत से रहेगी मेरे नूरे फ़िक्र की,
मैं चला जाऊँगा लेकिन रोशनी रह जायेगी।'

□

कैफ़ भोपाली

जब तक बोतल में शराब तब तक ग़ज़ल ही ग़ज़ल

"वे आम चलन से हटकर शेर कहने की कोशिश भी करते थे। उनकी शब्दावली भी आम पारम्परिक शाइरी से भिन्न होती थी।"

कैफ़ भोपाली

मैं अमरावती के निकट बदनेरा स्टेशन पर मुम्बई की गाड़ी की प्रतीक्षा कर रहा था। गाड़ी लेट थी। मैं समय गुजारने के लिए स्टेशन से बाहर आया। एक जानी-पहचानी मुतरन्निम आवाज़ खामोशी में गूँज रही थी। यह आवाज़ मुझे कुलियों, फ़कीरों और ताँगे वालों के उस जमघट की तरफ ले गयी जो सर्दी में एक अलाव जलाये बैठे थे और उनके बीच 'कैफ़ भोपाली' मस्ती में झूम-झूम कर उन्हें ग़ज़लें सुना रहे थे और अपनी बोतल से उनकी आवभगत भी फ़रमा रहे थे। श्रोता हर शेर पर शोर मचा रहे थे।

'कैफ़ भोपाली' का जन्म 1917 में एवं मृत्यु 1991 में हुई। वे सूफ़ी स्वभाव के शाइर थे। यह सूफ़ियानापन उनके रहन-सहन का ढंग था। इसका उनकी शाइरी से कोई सम्बन्ध नहीं था। उनका घर तो भोपाल के एक मोहल्ले में था लेकिन उनका बिस्तर, कपड़े और जरूरत का अन्य सामान देश के दूर-पास के हर शहर में था।

प्रत्येक शहर के रास्ते मकान और छोटे-बड़े शहरी उन्हें अपनी ही बस्ती का समझते थे। मुशाअरों के लोकप्रिय शाइर थे। जहाँ जाते थे, पारिश्रमिक का अंतिम पैसा खर्च होने तक वे वहीं घूमते-फिरते दिखाई देते थे। एक मुशायरे से दूसरे मुशायरे के बीच का समय वे इसी तरह गुजारते थे। उनकी अपनी कमाई शराब एवं शहर के ज़रूरतमंदों के लिए होती थी। अन्य खर्चों की पूरी जिम्मेदारी उसी मेज़बान की होती थी, जो मुशायरे का संयोजक होने के साथ उनका प्रशंसक भी होता था।

विशिष्ट तरन्नुम में शेर सुनाते थे। शेर सुनाते समय, आवाज़ के साथ पूरे जिस्म को प्रस्तुति में शामिल करते थे। जिस मुशायरे में आते थे, बार-बार सुने जाते थे। हर मुशायरे में उनकी पहचान खादी का वह सफेद कुर्ता-पायजामा होता था जो विशेष तौर

से उसी मुशायरे के लिए किसी स्थानीय खादी भंडार से खरीदा जाता था। उनके पहनावे की कलफ़ लगी सफेदी एक बार मशहूर शाइर मख़्मूर सईदी को खल गयी।

बिहार के एक क्षेत्र गिरडीह का मुशायरा था। कैफ़ साहब दस्तूर के अनुसार मंच पर सबसे आगे बैठे थे और हर शाइर को जहाँ बैठे थे वहीं से एक फुट ऊपर उठकर दोनों हाथ आकाश की तरफ उठाकर और गर्दन हिला-हिला कर दाद दे रहे थे। मख़्मूर सईदी उनकी बैठक से 45 अंश के कोण में उनके पीछे अपनी धुन में सिगरेट पर सिगरेट फूँक रहे थे। मुशायरे में शाइरों की आवभगत का जिम्मा सनमाइका के एक बड़े व्यापारी के ज़िम्मे था। उसने शराब-कबाब के अलावा, सबको अच्छी ब्राण्ड के सिगरेट के पैकेट भी दिये थे। मख़्मूर ने इस उपकार को जल्द ही राख़ बना दिया। पाँच सौ पचपन का पूरा पैकेट जब ख़त्म हो गया तो उन्होंने उसमें सूराख़ (छेद) करके अपना पीकदान बना लिया। लगातार पान खा-खा उसमें थूकते रहे। और फिर न जाने उन्हें क्या सूझी, निशाना बाँध कर उस भरे हुए पैकेट को 'कैफ़' साहिब पर उछाल दिया। कैफ़ साहिब का कुर्ता पान के धब्बों से भर गया। कैफ़ ने इस हरकत पर मुड़कर मख़्मूर को देखा और बिना कुछ बोले खामोशी से उठकर बाहर चले गये।

मख़्मूर की इस नशीली बदतमीज़ी पर मुशायरे में कैफ़ के प्रशंसक जो प्रत्येक मुशायरे की तरह यहाँ भी काफी संख्या में थे, गुस्से में आपे से बाहर हो गये। उन्होंने मख़्मूर को चारों तरफ से घेर लिया। कैफ़ साहब ने जब हालात को बेकाबू होते देखा, तो वे अपने कुर्ते को भूलकर मख़्मूर की वकालत करने लगे। उन्होंने मख़्मूर का हाथ पकड़ा और अपने नाराज़ प्रशंसकों से गुस्से में कहने लगे।

"ये क्या बदतमीज़ी है। ये हम शाइरों की बात है। आपको इसमें दखलंदाजी की कोई जरूरत नहीं, आप अपनी जगहों पर वापस जाइये और मुशायरे को खराब होने से बचाइये। मख़्मूर मेरा भाई है। इससे हाथापाई करेंगे तो मुझे भी इस लड़ाई में मख़्मूर की ओर से शामिल होना पड़ेगा और मुझसे टकराना आपको मुश्किल पड़ेगा।"

कैफ़ साहब का बदला हुआ रुख देखकर सारी भीड़ बिखर गयी। उनके जाने के बाद अंदर मुशायरा फिर से शुरू हो गया और मंच से बाहर कैफ़ ने मख़्मूर से लिपट कर रोना शुरू कर दिया। वे रोते हुए कह रहे थे।

"मेरे भाई! तू तो मुशायरेबाज़ नहीं है, अच्छा शाइर है। फिर तूने मेरे साथ ऐसा सुलूक क्यों किया। अब मैं ऐसी हालत में क्या ख़ाक मुशायरा पढ़ूँगा। इस समय तो शहर में खादी की सारी दुकानें बंद हो चुकी होंगी। कहाँ से कुर्ता पायजामा खरीदूँगा मैं। तूने मेरा मुशायरा खराब कर दिया। तूने मुझसे यह कब की दुश्मनी निकाली है?"

मख़्मूर ने उनकी शिकायत पर उनके आँसू पोंछते हुए कहा – "मैं शर्मिंदा हूँ, वाक़ई बहुत शर्मिंदा हूँ। मुझे मुआफ कर दीजिए। न जाने क्यों आपके कपड़ों की चमकती हुई सफेदी मेरी आँखों में चुभने लगी थी। मुझे मुआफ कर दीजिए, पता नहीं ऐसा क्यों हुआ?'

मुशायरे के संयोजक ने यह बातचीत सुन कर अपने घर से नया कुर्ता पायजामा मँगवाकर कैफ़ साहब को पेश किया और कैफ़ साहब ने उसी लिबास में मुशायरा पढ़ा। मुशायरे में कलाम सुनाने से पहले उन्होंने कहा, 'साहिबान पहले कलाम और लिबास दोनों मेरे होते थे, लेकिन आज सिर्फ कलाम मेरा है, इसलिए आज मैं पहले जैसा न पढ़ पाऊँ तो मुआफ फरमायें।' उन्होंने उस समय जो ग़ज़ल सुनाई थी वह यूँ थी :

'तिरे होते जिसे फ़िक्रे-शराबों-ज़ाम है साक़ी
वो रिन्दे-ख़ाम[1], रिन्दे-ख़ाम, रिन्दे-ख़ाम है साक़ी।'

'अजां होने को है जामो-सुराही से चिरांग़ा कर,
कि वक़्ते-शाम, वक़्ते-शाम, वक़्ते-शाम है साक़ी।'

'घटा छाई हुई है, तू ख़फा है, रिन्द प्यासे हैं,
ये क़त्ले-आम, क़त्ले-आम, क़त्ले-आम है साक़ी।'

'मेरी किस्मत कि मुझको कब मिलेगी मैं ये क्यूँ सोचूँ,
ये तेरा काम, तेरा काम, तेरा काम है साक़ी।'

कैफ़ भोपाली मुशाअरों के कामयाब शाइर थे। वे आम चलन से हटकर शेर कहने की कोशिश भी करते थे। उनकी शब्दावली भी आम पारम्परिक शाइरी से भिन्न होती थी। उर्दू के साथ फारसी और अरबी से भी वे ठीक तौर पर परिचित थे। कुर्आने हकीम के दो पारों[1] (हिस्सों) का छंदोबद्ध अनुवाद भी उन्होंने किया था। इसके अलावा 'शोला-ए-गुल' (1971), 'कू-ए-बुतां' (1963) और 'आहंगे-कैफ़' (1993) के नाम से उनके तीन काव्य संग्रह भी प्रकाशित हुए थे, लेकिन उनकी प्रसिद्धि इन किताबों से अधिक मुशायरों की वजह से थी।

वे पत्रिकाओं में छपने-छपाने और टिप्पणियों के लिए पत्रिकाओं में किताबें भेजने के कायल नहीं थे। मुशायरों की दाद एवं प्रशंसा ने उन्हें कभी पत्रिकाओं की तरफ़ नहीं आने दिया। कोई सुन-सुनाकर छाप देता था तो अलग बात थी। कमाल अमरोहवी ने भी अमरोहा के एक मुशायरे में सुनकर ही उन्हें फिल्म गीत लिखने का

1. अनुभवहीन शराबी।

निमन्त्रण दिया था। उनके गीतों की पहली फिल्म 'दायरा' थी। इसमें संगीतकार जमाल सेन की तर्ज में उनका लिखा हुआ गीत –

'देवता तुम हो मेरा सहारा,
मैंने थामा है दामन तुम्हारा।'

अपने ज़माने में बहुत लोकप्रिय हुआ था। इस फिल्म के बाद वे कमाल अमरोहवी के पसंदीदा शाइर बन गये थे। वे जब भी कोई नयी फिल्म शुरू करते थे, उसमें एक या दो गीत उनसे ज़रूर लिखवाये जाते थे। कैफ साहिब का कोई एक पता नहीं था।

वे जब तक जिस शहर में होते थे वहीं का कोई घर या होटल उनका पोस्टल एड्रेस होता था। इस मुश्किल को आसान करने के लिए कमाल अमरोहवी ने अपने स्टाफ में एक आदमी को निर्धारित कर दिया था। उसका काम कैफ़ के बदलते हुए ठिकानों का पता लगाना था।

फिल्म के शुरू होते ही वे लम्बे चौड़े-मुल्क में जहाँ होते थे, वहीं से बुलवाये जाते थे। कमालिस्तान के एक कमरे में ठहराये जाते थे, नहलाये जाते थे, नये लिबास उनके लिये सिलवाये जाते थे। एक दो-सेवक उनकी निगरानी पर लगाये जाते थे। नजदीक की एक-दो दुकानों में उनकी शराब के खाते खुलवाये जाते थे। इस प्रयोजन के साथ उनसे गीत लिखवाये जाते थे।

आवभगत का यह क्रम गीतों के पूर्ण होने तक लगातार जारी रहता था। जब गीत रिकार्ड हो जाते थे तो फिर वे पारिश्रमिक के साथ जहाँ जाना चाहते थे विदा कर दिये जाते थे।

कमाल साहिब की यह वज़ेदारी उनकी अंतिम फिल्म 'रज़िया सुल्तान' तक जारी रही। कैफ़ साहिब ने कमाल साहिब की फिल्मों में कई सफल गीत लिखे थे। इनमें वे गीत भी शामिल थे जो फिल्म में कमाल अमरोहवी के नाम से शामिल होते थे। फिल्म 'शंकर हुसैन' में उनका गीत –

'इंतज़ार की शब में चिलमने सरकती हैं
चौंकते हैं दरवाज़े, सीढ़ियाँ धड़कती हैं।'

'पाकीजा' में – 'चलो दिलदार चलो, चाँद के पार चलो।' जैसे गीतों की लोकप्रियता ने फिल्म इंडस्ट्री में उनके लिए नयी राहें बनाई थीं। उन्हें कई प्रस्ताव भी मिले लेकिन उन्होंने स्वीकार नहीं किये और करते भी कैसे कमाल साहिब जैसी उर्दू तहज़ीब उन्हें दूसरों के यहाँ नहीं मिली। वे गीत से अधिक प्रीत के रसिया थे।

कैफ़ साहब ने भोपाल के जिस साहित्यिक माहौल में होश सँभाला था, वह एक ही समय कई विश्वसनीय आवाज़ों का गहवारा था। इनमें ज़की वारसी, महब्री

सिद्दीकी, मुनीर भोपाली, साइल नक़वी, सुहा मुजद्ददी और हामिद सईद खाँ जैसे उस्ताद भी शामिल थे। ये शाइर ग़ज़लों के जागीरदाराना मिजाज़ को अपने-अपने ढंग से बदलने की कोशिश कर रहे थे। बाज़ारी चंचलता ने घरेलू संजीदगियों में ढलना शुरू कर दिया था। कैफ़ का घर भी शाइराना था। उनकी माँ भी शाइरा थी।

बुजुर्गों की संगति और विरासत की सभ्यता ने उनके काव्य विवेक की नींव डाली थी। उनकी प्रारंभिक शाइरी में आम चलन से अलग और राइज शब्दावली से परहेज स्पष्ट है। इसमें बहुत कुछ खड़ी बोली के उस रूप को अपनाया गया था जिसकी एक झलक आरजू लखनवी के काव्य संग्रह 'सुरीली बांसुरी' में नज़र आती है। आरजू ने ग़ज़ल को एक ऐसी भाषा प्रदान करने की कोशिश की थी, जो केवल लिप्यंतर में उर्दू-हिन्दी दोनों बन सकती थी। कैफ़ की काव्य भाषा आस-पास की बिखरी हुई चीज़ों से रची गयी है। इसका रंग ज़मीनी है। उनके कई शेर मुहावरों की तरह इस्तेमाल होते हैं। उनकी काव्य शैली उनके बाद बशीर बद्र के यहाँ ज़्यादा रचाव एवं खूबसूरती के साथ उभरती नज़र आती है। इसमें नज़ीर, मीर और कबीर की सहजता है और लोक रस की सादा बयानी है।

'एक कमी थी ताज़महल में,
मैंने तिरी तस्वीर लगा दी।'

'गुल से लिपटी हुई तितली को गिराकर देखो
आँधियो तुमने दरख़्तों को गिराया होगा।'

'मैकशों आगे बढ़ो बादाकशो आगे बढ़ो,
अपना हक़ माँगा नहीं जाए है छीना जाए है।'

'खेल यही सीखा है तुमने लड़कपन से,
जो मिला शीशी तोड़ दिया छन से।'

कैफ़ उस दौर के भोपाल के माहौल के अनुसार दूसरों की देखा-देखी प्रगतिशील अवश्य थे लेकिन स्वभाव से आशिक मिज़ाज थे और वह भी खुले अंदाज़ के। उनकी शाइरी का वह हिस्सा जो उनके स्वभाव की चित्रकारी करता है नयी कलाकारी के साथ उभरता है। जहाँ वे मुशायरों की जरूरतों को निभाते थे तो शाइरी नारेबाज़ी बन कर इकहरी हो जाती थी। उनकी शाइरी का अधिक हिस्सा मुशायरेबाज़ी का शिकार रहा है। अपने अन्य समकालीनों की तरह उन्होंने इसमें जादू कम जगाया, इसे रोज़गार का साधन अधिक बनाया। उनकी शाइरी का अधिक हिस्सा ऐसे ही शेरों पर आधारित है :

'कैफ हमने देखे हैं दूर-दूर के लड़के,
लेकिन अच्छे लगते हैं रामपुर के लड़के।'

'हम तरसते ही, तरसते ही, तरसते ही रहे,
वो फलाने से, फलाने से, फलाने से मिले।'

अच्छी काव्य प्रतिभाओं पर मुशायरे की वक्ती दाद एवं सन्तुष्टि किस तरह असरकारक होती है और उसकी वजह से शाइरी की चमक-दमक किस तरह बुझ जाती हैं, कैफ़ भोपाली इसका खुला आईना हैं। मुशायरों के सफल शाइर बशीर बद्र को भी इसी के अन्तर्गत रखा जा सकता है। दोनों ने अपनी काव्य-सम्भावना को मुशायरे के शोरगुल पर भेंट चढ़ा दिया। और उनसे जो पाठकों को उम्मीदें थीं, वो श्रोताओं की पसन्द-नापसन्द का पैमाना बन गयीं।

□

शिफ़ा ग्वालियरी

सीमाब अकबराबादी के चहेते शागिर्द

"प्रसिद्धि एवं नामवरी के लिहाज़ से ग्वालियर का कोई नया या पुराना शाइर उनका मुकाबला नहीं कर सकता। उन्होंने अपनी मेहनत और कला से अपने आपको मनवाया है।"

शिफ़ा ग्वालियरी

शिफ़ा साहिब का दवाखाना भोपाल में, इतवारे के मशहूर चौराहे की दायीं ओर एक छोटी सी दुकान में था। उसके आगे कुछ दूरी पर छात्राओं का कालेज था—महारानी लक्ष्मीबाई। सुबह से शाम होने तक लड़कियाँ सामने से गुजरती थीं। रास्ते में रंगों की तरह बिखरती थीं और अधेड़ उम्र की शाइरी में निख़रती थीं।

‘जबीं[1] पे बिखरे हैं कुछ सितारे हसीन रूख़ पर निखार सा है,
नहीं वजूदे[2] बहार लेकिन तमाम आलम बहार सा है।’

(असद भोपाली)

‘तेरा चेहरा सुबह का तारा लगता है,
सुबह का तारा कितना प्यारा लगता है ।’

(कैफ़ भोपाली)

‘यूं तो उनकी बज़्म में जाने को दुनिया जाये है
इक मुझी को देखकर माथे पे बल आ जाये है।’

(शिफ़ा ग्वालियरी)

‘नज़र ग़म आशना दिल वक़्फ़े राहत ले के आये हैं
तिरी महफिल में हम आँखों में जन्नत ले के आये हैं।’

(वकील भोपाली)

इस सड़क के किनारे दवाखाने में शिफ़ा साहिब डॉक्टर, कम्पाउंडर, शाइर और मालिक सभी कुछ थे। इस दवाखाने के सामने थोड़ी दूर पर एक साथ कई तांगे खड़े होते थे, जिनमें जुते घोड़े अपनी थैलियों में मुँह डाले घास खाते रहते थे और तांगे वाले

1. ललाट, 2. अस्तित्व

नीचे बैठे ताश खेलते थे और बात-बात पर कहकहे लगाते थे। यह शिफ़ा क्लीनिक बेफ़िक्र शाइरों का अड्डा भी था। उनके इस क्लीनिक में रोगी कम आते थे, नये-पुराने शाइर अपना कलाम अधिक सुनाते थे। अगर किसी की ग़ज़ल सुनाने के दौरान कोई रोगी भी आ जाता था तो उससे इशारे से ग़ज़ल के पूरी होने तक प्रतीक्षा करने को कहा जाता था। यहाँ अक्सर शाइर एवं साहित्यकार चाय पीने, पान खाने और गपशप लड़ाने भी आते थे। वाक्यों का प्रहार एवं परोक्ष कटाक्ष यहाँ का दैनिक माहौल था। शहर भर की साहित्यिक खबरों का यह ऐसा अख़बार था जो मौखिक लिखा जाता था और कानों से सुना जाता था। यहाँ से ख़बरें निकलकर पूरे शहर में गश्त करती थीं।

एक बार कैफ़ भोपाली अपनी तरंग में इधर आ निकले। वो दिन रात तरंग में ही रहते थे। शराब के लिए उन्होंने सूरज चाँद का अन्तर खत्म कर दिया था। शिफ़ा साहिब का नया काव्य संग्रह हाल ही में प्रकाशित हुआ था। कैफ़ को देखकर उन्होंने मुआयने की मेज पर लेटे हुए रोगी को कराहता छोड़कर फौरन अपनी मेज की दराज से उस संग्रह की एक प्रति निकालकर उन्हें भेंट की। इस संग्रह के पहले पृष्ठ पर उनकी एक तस्वीर थी जिसमें वे अपना हाथ बायें गाल पर टिकाये मुस्कुरा रहे थे। शिफ़ा ने जब कैफ़ से इस पर कुछ लिखने की फरमाइश की तो वो फौरन राजी हो गये और जेब से कलम निकालकर लिखना शुरू कर दिया।

उनका पहला वाक्य था –

'शिफ़ा साहिब के काव्य संग्रह में उनकी खूबसूरत तस्वीर देखकर मुझे एक फिल्मी गीत याद आता है। नन्हे-मुन्हे बच्चे तेरी मुट्ठी में क्या है' उनके द्वारा लिखे गये इस शरीर (चपल) वाक्य को पढ़कर पास बैठे हुए सारे दोस्त ऊँची आवाज़ में हँसने लगे। शिफ़ा इस व्यंग्य पर झल्लाकर कह रहे थे। उनका सम्बोधन कैफ़ से था।

"श्रीमान इस मुट्ठी में बहुत कुछ है। सीमाब अकबराबादी अपने युग के उस्ताद शाइर की सनद हैं। पचास-पचपन साल का काव्य अभ्यास है। सैकड़ों साहित्यिक पत्रिकाओं में कलाम की इशाअत है, अनगिनत सफल मुशायरों की सदारत है, पाँच सौ से अधिक शागिर्दों की शिक्षा है। प्रामाणिक उस्तादों की संगत है। आप घर जाइये भोपाली एवं गैर भोपाली के अनुचित पक्षपात से मुक्त होकर इस मुट्ठी को खोलिये और मोती रोलिये। शाइरी सिर्फ तरन्नुम नहीं है इसके अलावा भी बहुत कुछ है। शेर गलेबाजी से नहीं निकलते, उनके लिए विचार, भावना एवं तपस्या की भी जरूरत होती है।"

माहौल काफी गंभीर हो गया था। शिफ़ा साहिब के भाषण ने दूसरे लोगों को भी हैरान कर दिया था। उनके बिगड़ते तेवर देखकर कैफ़ चुपचाप उठकर चल दिये और शिफ़ा इंतजार करते रोगियों का फिर से निरीक्षण करने लगे। वे हर रोगी के नुस्खे भी लिखते जा रहे थे और अपने शागिर्दों से बातचीत भी कर रहे थे।

'ये मुझसे जलते हैं इसलिए कि मैं ग्वालियर से लुट-पिट कर यहाँ क्यों बसा हूँ? (शिफ़ा साहिब 1948 में दंगों के कारण सरकारी नौकरी छोड़कर, ग्वालियर से यहाँ आकर बसे थे) ये मुझसे नाराज़ हैं इसलिए कि मैं बहुत सों से अच्छा क्यों कहता हूँ? ये मुझसे ईर्ष्या रखते हैं इसलिए कि मेरी शाइरी के प्रशंसक मुल्क में प्रतिष्ठित एवं प्रामाणिक व्यक्ति क्यों हैं? ये मुझे नापसंद करते हैं इसलिए कि मुझे दूर-दराज के मुशायरों में क्यों आमंत्रित किया जाता है? इनके लिए मैं सिर्फ अपना ही शेर दोहराऊँगा :

'बात जब है शाहकारे ज़िन्दगी बन कर रहे
आदमी ज़ौहर शनासे आदमी बन कर रहे।'

ज़ौहर शनासी (पहचान करने वाला) के लिए हौसला चाहिए', जो इनमें नहीं है। ये लंगड़े नवाब (हमीदुल्ला खाँ) की रियासत रही है। यहाँ के लोगों को अक्ल का लंगड़ा होना ज़रूरी है।

शिफ़ा साहिब से ऐसी छेड़खानियाँ अक्सर होती रहती थीं। इसका एक कारण उनकी प्रसिद्धि की लालसा एवं आवश्यकता से अधिक शोहरत पसंदी थी। 'शम्अ-ए-अदब' लखनऊ के शिफ़ा अंक में उन्होंने जो संक्षिप्त जीवन परिचय लिखा था उसमें अपने बारे में उनकी राय कुछ ऐसी ही थी। वे अपने कलाम के सम्बन्ध में बहुत भावुक थे। उनकी दोस्ती-दुश्मनी इसी आधार पर निर्धारित होती थी। उनकी बातचीत का विषय हमेशा शिफ़ा ग्वालियरी ही होता था। दूसरों से अपने बारे में लिखवाना, हर छोटी-बड़ी पत्रिकाओं में कलाम छपवाना, मुशायरों में अपने शारीरिक आकार से दुगुनी-तिगुनी ऊँची आवाज़ में कलाम सुनाना, दूसरों की शाइरी में छंद सम्बन्धी दोष गिनवाना और नये-नये शागिर्द बनाना इनके रात-दिन के कार्य थे। शिफ़ा साहिब के अधिकतर शागिर्द अपने तखल्लुस (उपनाम) के साथ शिफ़ाई लगाते थे। एक अर्से तक मशहूर शाइर क़तील शिफ़ाई को भी लोग उन्हीं के शागिर्दों में गिनने की भूल करते थे। जब क़तील को इस भूल का ज्ञान हुआ तो उन्होंने एक पत्रिका में इसका जोरदार खंडन किया।

''लोग गलतफहमी से मुझे शिफ़ा ग्वालियरी से सम्बोधित करते हैं। वे मेरे समकालीन और लगभग समवय हैं। मेरे उस्ताद हरिपुर हजारा के एक विद्वान शाइर थे जिनका नाम मौहम्मद यहया और तखल्लुस शिफ़ा था। मुम्किन है शिफ़ा ग्वालियरी भी उनसे सम्बन्धित होने से शिफ़ाई हों। शिफ़ा ने इस खंडन को पढ़कर कहा था :

''यह सच है कि वे मेरे शागिर्द नहीं हैं लेकिन उनके कलाम को देखकर यह जरूर महसूस होता है उन्हें किसी दक्ष उस्ताद की ज़रूरत है। अच्छा हुआ उन्होंने स्वयं सफाई

पेश कर दी। अगर वे ऐसा न कहते तो मैं स्वयं इसका ऐलान करने वाला था क्योंकि अक्सर लोग उनके तखल्लुस में शिफ़ाई के जुड़े होने से मेरी उस्तादी पर शक कर रहे थे। मैं इस खंडन के लिए उनका आभारी हूँ। समवय एवं समकालीन होने का मतलब हमरतबा हरगिज़ नहीं होता।"

शिफ़ा अपने दौर के मशहूर शाइर थे। उनकी गिनती अल्लामा सीमाब अकबराबादी के प्रतिष्ठित शागिर्दों में होती थी। उन्होंने 1924 ई. में शाइरी प्रारंभ की और 1940 में हलका-ए-सीमाब के सदस्य बने लेकिन अपनी तपस्या एवं चतुरता से पाँच साल की अल्पावधि में ही संशोधन से निवृत्त ठहराये गये। शिफ़ा के शागिर्दों की विस्तृत संख्या की प्रशंसा में त्रिलोकचन्द 'महरूम' ने शिफ़ा के बारे में लिखा था :

"शिफ़ा साहिब ने कला की बारीकियों को आगामी नस्लों तक सुरक्षित रखने की कोशिश की है। उनका यही कारनामा आने वाले वर्षों तक उनके नाम को ज़िन्दा रखने के लिए काफ़ी है। अल्लामा सीमाब के चिराग़ से उन्होंने अपना चिराग़ जलाया है। उनके शागिर्दों ने उनकी रोशनी से अपना रास्ता सजाया है।"

सीमाब अकबराबादी ने उनके बारे में अपने प्रमाण पत्र में लिखा था : 'शिफ़ा ग्वालियरी मेरे प्रिय शागिर्द हैं। शाइरी की कला में उनकी मेहनत एवं समझ-बूझ ने उन्हें अतिशीघ्र विश्वसनीय बना दिया है। उनका कलाम उत्तम है और ऐब से पाक है।'

दुआ डिबाइवी दाग़ स्कूल के उस्ताद शाइर थे। शिफ़ा के बारे में उनकी राय थी कि प्रसिद्धि एवं नामवरी के लिहाज़ से ग्वालियर का कोई नया या पुराना शाइर उनका मुकाबला नहीं कर सकता। उन्होंने अपनी मेहनत और कला से अपने आपको मनवाया है।

शिफ़ा साहिब बहुत दक्ष एवं मश्शाक (जल्दी लिखने वाले) शाइर थे। उन्होंने कई विधाओं में अपने प्रयोग किये। उनके जीवन में उनके कई काव्य संग्रह प्रकाशित हुए थे। इनमें 'आयाते शिफ़ा', 'नब्ज़े हयात', 'शाखे ज़ैतून' एवं 'परचमे उर्दू' अपने ज़माने में अत्यधिक मशहूर किताबें रही थीं। इन पर उस ज़माने में कई समीक्षाएँ हुई थीं, जिनमें अधिकतर उनके शागिर्दों की लिखी हुई थीं। परचमे उर्दू एक लम्बी नज़्म है, जो कई पृष्ठों वाली है, जिसमें नाम-ब-नाम उन साहित्यकारों एवं शाइरों को श्रद्धा एवं सम्मान पेश किया गया था, जिनकी कोशिशों ने उनकी नज़र में उर्दू भाषा को सँवारने में महत्त्वपूर्ण भूमिका निभाई थी। उनमें एक नाम शकील बदायूँनी का भी था, जिनके मुशायरा ग्रुप में शिफ़ा का नाम भी था। शकील जिस मुशायरे में जाते थे अपने पूरे कारवाँ के साथ जाते थे।

शिफ़ा साहिब प्रगतिशील वर्ग में तो शामिल नहीं थे लेकिन अपने उस्ताद भाई नाज़िश प्रतापगढ़ी, फैयाज ग्वालियरी और एजाज़ सिद्दीकी की तरह उनकी शाइरी पर भी उन परिवर्तनों का प्रभाव स्पष्ट था, जिनसे किसी न किसी स्तर पर प्रगतिशील

आन्दोलन से सम्बन्धित थी। उनकी शाइरी भी स्वाभाविक रूप से समाजी एवं कला में सामाजिक दायित्व की पक्षधर थी। सीमाब की काव्य शैली दाग़ की तुलना में अधिक समाजी व सांस्कृतिक थी। उन्होंने अपनी काव्य शैली के बारे में स्वयं एक जगह लिखा है :

"शाइरी के प्रारंभिक काल में मुझे ग़ज़ल के प्राचीन स्वरूप में दिलचस्पी थी लेकिन ज़माने के साथ-साथ ज्ञान एवं जानकारी का क्षेत्र जिस तरह विस्तृत होता गया प्राचीन शैली से लगाव कम होता गया। अब शाइरी में यथार्थ दर्शन एवं आस-पास के विषयों को पसंद करता हूँ। मैं उस शाइरी से घृणा करता हूँ जिसका विषय मात्र स्त्री एवं उससे सम्बन्धित हो।"

सीमाब की तरह उनके शागिर्दों ने भी सामाजिकता को साहित्य में अपनी मंज़िल बनाया था। शिफ़ा की शाइरी का समग्र स्वभाव ज्ञानवर्धक एवं सामाजिक है। उनके यहाँ उपादेयता, काव्यात्मकता की कीमत पर प्रस्तुतीकरण में सामाजिक चरित्र प्रदान करती है। इसमें भावना एवं अनुभव की कमी को शब्दों के उचित प्रयोग, वाक्य सौन्दर्य एवं कला कौशल से पूरा किया गया है। वे प्रतीकों एवं रूपकों की पेचीदा प्रस्तुति के स्थान पर सहज रवानी को प्राथमिकता देते थे। उनकी ग़ज़ल हो या नज़्म सृजन पाठक के सहज सम्बन्धों का दर्पण है।

'कोई फूलों से सीखे सरफ़राजे ज़िन्दगी होना,
वहीं से फिर महकते हैं जहाँ से ख़ाक होते हैं।'
'चमन कुछ और भी है दश्तों दर कुछ और भी हैं,
रहे जुनूं में नकूशे सफ़र कुछ और भी हैं।'
'न रोक मौज़े तबस्सुम को तेरी महफिल में,
फर्सुदा कल्ब तपीदा जिगर कुछ और भी हैं।'

शिफ़ा ने शास्त्रीय शिष्टता में वक्त की गम्भीरता की बाहरी जगमगाहट के सम्मिश्रण को अपनी कसौटी बनाया था और इसी आवाज़ में किताबों एवं मुशायरों में अपना कलाम दर्शाया था। वे सचेत शाइर थे।

वे दिल से अधिक बुद्धि के फ़नकार थे। वे यूनानी चिकित्सकों की तरह अपनी शाइरी में भावुक नहीं थे। उन्हें अपनी शाइरी से इतना प्यार था कि दूसरों के कलाम पर उनकी नज़र मुश्किल से पड़ती थी। उनकी इस एक पक्षता का लोग मज़ाक भी उड़ाते थे लेकिन वे अपनी आदत से मजबूर थे। वे जब तक जागते थे, शेर बनाने में मग्न रहते थे, वे चाहे कोई भी काम कर रहे हों मरीजों को देख रहे हों या शागिर्दों का कलाम सुन रहे हों उनका अपना कोई शेर, रूबाई, कतअ या नज़्म उनके ज़ेहन में आकार ले रही

होती थी। वे निरंतरता एवं प्रतिबद्धता से हर रोज कुछ न कुछ लिखने वाले शाइर थे। उनकी शाइरी जो उनकी किताबों में प्रकाशित है, उससे कहीं अधिक अप्रकाशित है।

शिफ़ा के पिता उ.प्र. में फर्रुखाबाद के मशहूर हकीम थे। वे अपने पिता हकीम सय्यद औज अली के साथ बचपन में ही सिंधिया की रियासत ग्वालियर में आये थे और फिर यहीं अपने एक निकट रिश्तेदार के साथ रहने लगे। शिफ़ा ने अरबी, फ़ारसी की प्रारंभिक शिक्षा शहर के मुफ्ती के धार्मिक मदरसे में प्राप्त की। इसके बाद सरकारी स्कूल में प्रवेश लिया लेकिन हालात ने मैट्रिक से आगे नहीं पढ़ने दिया। मजबूर होकर कंपाउंडरी का इम्तिहान पास करके सरकारी अस्पताल में नौकर हुए। पिता की चिकित्सा यूनानी थी, बेटे की पद्धति अंग्रेजी थी। मेरे बचपन की यादों में शिफ़ा साहिब दो दवाइयों के रूप में सुरक्षित हैं, एक का नाम कोनेन था, जो बड़े से काँच के जार में भरा होता था और दूसरा सफेद रंग के पाउडर की सूरत की थी जिसका नाम अब मैं भूल चुका हूँ। हर रोग की दवा गरीब नवाज़ की तरह उनकी दवाइयाँ भी काफी मर्ज़नवाज़ थीं। हाँ, इतना अवश्य याद है कि उनके पास मैं जब भी जिस रोग को लेकर भेजा जाता था उन्हीं दो दवाइयों को लेकर वापस आता था। मेरे पिता के मित्र होने के नाते वे हमारे पारिवारिक चिकित्सक भी थे। ये दवाइयाँ आवश्यकता से अधिक कड़वी होती थीं। शायद इसी कड़वाहट से डरकर रोग बदन छोड़कर भाग जाता था। जब वे 1947 में ग्वालियर छोड़कर भोपाल में आए थे तब भी उनके इलाज का यही तरीका था। अंतर सिर्फ यह था पहले वे स्वयं मीठे थे, दवाइयाँ कड़वी थीं लेकिन अब दवाइयों के साथ वे भी कड़वे हो गये थे। इसका कारण स्थानीय शाइरों का वह रवैया था जिसे वे ईर्ष्यापूर्ण षड्यन्त्रों का नाम देते थे।

यहाँ एक तरफ़ वे और उनके शागिर्द थे और दूसरी तरफ़ उनके मुकाबले में पूरा भोपाल था लेकिन वो ज़िंदगी की आपत्तियों से टकराते रहे, शोहरतें कमाते रहे। निरन्तर काव्य लेखन से प्रतिद्वंद्वियों को नीचा दिखाते रहे और उन्हीं के साथ दो पत्नियों और कई बच्चों की उलझनों को भी रात-दिन सुलझाते रहे –

'हमारा पूछना क्या हम वो जांबाज़े मुहब्बत हैं,
हमारी मौत में भी एक अदा-ए-ज़िन्दगी होगी।'

शिफ़ा साहिब काफी मिलनसार एवं व्यावहारिक इनसान थे। उनका अधिक समय खत-ओ-किताबत, काव्य अभ्यास, मुशायरों में अथवा शागिर्दों की ग़ज़लों के संशोधन में निकलता था। उनके शागिर्दों में इशरत क़ादरी, वाहिद प्रेमी, वफ़ा सिद्दीकी एवं बहुत से दूसरे आज के भोपाल के प्रतिष्ठित शाइर हैं।

□

अख़्तर नज़्मी

शाइरी को आवाज़ के जादू से तासीर देने वाला

"वे तहत और तरन्नुम दोनों में पढ़ते थे। शुरुआत तहत से करते थे, जब माहौल हमवार हो जाता था तब तरन्नुम में सुनाते थे।"

अख़्तर नज़्मी

अख़्तर नज़्मी से मेरी पहली मुलाक़ात भोपाल के इतवारे नामक क्षेत्र के चौराहे पर पुराने लैम्प पोस्ट के नीचे हुई थी, जहाँ रात को नये शाइरों और साहित्यकारों का जमाव होता था। इस क्षेत्र में दिन में शिफ़ा क्लीनिक में शाइर जमते थे और रात को लैम्प पोस्ट के नीचे चबूतरे पर नये शाइर रमते थे।

छोटे शहर रात को जल्दी सोते हैं और सवेरे मुर्ग की आवाज़ के साथ जाग जाते हैं। रात के नौ-साढ़े नौ बजे तक पूरी बस्ती ख़र्राटे लेने लगती थी लेकिन पुराने भोपाल का यह चौराहा इन पाबंदियों से मुक्त था। जब शहर के सारे छोटे-बड़े चायखाने सुबह जल्दी जागने के लिए रात में जल्दी बंद हो जाते थे, तो बहस एवं तर्क-वितर्क के अधूरे वाक्य और ग़ज़लें बंद होते चायखानों से उठकर यहाँ पूरे होने चले आते थे। यह लैम्प पोस्ट का चौराहा काफी मशहूर था। शहर के विभिन्न कोनों से यार दोस्त यहाँ आकर मिलते थे। इस चौराहे के क्लब की बायीं ओर मौलवी नाज़िर की पान की दुकान थी। वे खुद भी शाइर थे।

हँसी मजाक के शेर कहते थे। उनके व्यंग्य का लक्ष्य हमेशा मिर्ज़ा ग़ालिब की कोई ग़ज़ल की ज़मीन होती थी। एक शेर इस तरह है :

'जाता हूँ जहाँ भी मैं होता है यही आलम,
बीवी मिरे पीछे है तो बच्चे मिरे आगे।'

मौलवी साहब लालटेन की रोशनी में कभी अपने गोल से चेहरे पर छुग्गी दाढ़ी को खुजाते थे कभी लैम्प पोस्ट से आती आवाज़ को सुनकर पान लगाते थे। वे भी जब नयी ग़ज़ल पैरोडी लिख देते थे, तो क्लब में सुनाने आ जाते थे। उस पान की दुकान के सामने छोटे पहलवान का एक छोटा सा चायखाना था। ये दोनों दुकानें उस समय तक

चाय एवं पान की सप्लाई करती रहती थीं, जब तक बैठक खत्म नहीं हो जाती थी। ऐसी ही एक बैठक में एक बार पच्चीस-छब्बीस साल का एक अजनबी नौजवान काले गर्म सूट और टाई लगाये मोटर साइकिल पर आकर शामिल हुआ था। आकर्षक साँवला रंग, विवेक से भरी आँखें, गम्भीर चेहरा, वह महफिल में शामिल होकर भी अनुपस्थित लगता था।

थोड़े-थोड़े अन्तराल से वह आप ही आप गुनगुनाता था और फिर स्वयं ही चुप हो जाता था। महफिल में उसका आगमन एक-दो वाक्यों की तकलीफ़ तक ही सीमित था। उस वक्त उसका नाम सय्यद अख़्तर जमील था। वह नया-नया भोपाल में आया हुआ था। उर्दू में स्वर्ण पदक के साथ प्रथम श्रेणी से एम.ए. कर चुका था। अब फारसी में एम.ए. की तैयारी कर रहा था। शाइरी शुरू हो चुकी थी लेकिन घर के नाम में अभी अख़्तर नज़्मी की वृद्धि शेष थी। दोस्तों के आग्रह पर उसने उस रात बहुत ही सुरीले तरन्नुम में एक ग़ज़ल सुनाई थी। उसका मतला और एक शेर भी यादों में सुरक्षित है :

'अब नहीं लौट के आने वाला,
घर खुला छोड़ के जाने वाला।
सिर्फ आवाज़ है चारों जानिब,
कौन है मुझको बुलाने वाला॥'

अख़्तर नज़्मी के सरल, सहज लेकिन रहस्यात्मक जगमगाहट लिए हुए शेरों ने आवाज़ की घुलावट में मिलकर उस समय समां बाँध दिया था। ग़ज़ल समाप्त होने के बाद भी घर खुला छोड़ के जाने वाला अथवा कौन है मुझको बुलाने वाला जैसे तीखे मिसरे मालवा की ठंडी रात में शरारों की तरह चमक रहे थे। इन अश्आर में प्रचलित शब्दों के रचनात्मक प्रयोग एवं संजीदा उपयोग में उनके काव्य का भविष्य स्पष्ट था।

अख़्तर नज़्मी को साहित्य लगाव विरासत में मिला था। उनके पिता सय्यद मुम्ताज़उद्दीन मुख्य सचिव के ऊँचे पद पर कार्यरत थे। अपने मूल नाम से वे नौकरी करते थे। 'बेखुद' उपनाम से शेर कहते थे और गद्य लिखते थे। अख़्तर नज़्मी की काव्य दक्षता इसी रिश्ते की धरोहर थी जिसे उन्होंने अपनी तहरीर में स्वीकार भी किया था।

"ज़िन्दगी ने मुझे ऐसा घर, ऐसा माहौल, ऐसा समाज दिया जिस पर मुझे गर्व है। मैंने जो कुछ सीखा, अपने पिता से सीखा है। उन्होंने बाकायदा संशोधन तो नहीं किया लेकिन उनकी बातों, खामोशियों एवं किताबों से उनकी रात-दिन की संगति ने मुझे वह सब कुछ दिया जो एक उस्ताद शागिर्द को दे सकता था।"

अख़्तर नज़्मी 29 नवम्बर, 1931 ई. को महाराष्ट्र की एक बस्ती आकोट में पैदा हुए। पिता की ओर से उनका पैतृक शहर इलाहाबाद था। पिता के निरन्तर तबादलों ने

देश के कई हिस्सों के ज़मीन-आसमान से परिचित कराया। नयी-नयी नदियों, पहाड़ों एवं सभ्यताओं से बचपन की रचनाशील आयु को सजाया। जवान हुए तो स्वयं की नौकरी ने अमरावती, नागपुर, भोपाल, जबलपुर और अन्य जगहों पर भटकाया। मुशायरों ने कश्मीर से कन्याकुमारी तक हर छोटे-बड़े शहर में घुमाया-फिराया। हर जगह अपनी आवाज़ एवं शब्दों का जादू जगाया।

वे तहत और तरन्नुम दोनों में पढ़ते थे। शुरुआत तहत से करते थे, जब माहौल हमवार हो जाता था तब तरन्नुम में सुनाते थे और शेरों में जुबान और बयान (कथन) की सफाई, शाइराना ज़ेबाई एवं तरन्नुम की तरानाई से मुशायरों में छा जाते थे। देश-विभाजन के बाद उर्दू शाइरी, हिन्दुस्तान में फारसी के प्रभाव से दूर होकर हिन्दी और दूसरी क्षेत्रीय भाषाओं से निकट हुई थी। इसमें विचारों की सजावट एवं प्रचलित मान्यताओं के स्थान पर इर्द-गिर्द के दृश्यों और जानी-पहचानी चीज़ों का प्रचलन होने लगा था। भाषा के स्तर पर भी यह सोचे हुए प्रतीकों एवं अमूर्त बिम्बों के दायरे से निकलकर ज़मीन और ज़मीनी समानताओं से सम्बद्ध हुई थी।

इस परिवर्तन ने पाठकों के स्वभाव को ही नहीं बदला, श्रोताओं की श्रवणता पर भी असर किया। अख़्तर नज़्मी मुशायरों में उन चंद शाइरों में थे जो अपने अपारम्परिक अन्दाज के बावजूद पसन्द किये जाते थे। अख़्तर नज़्मी का तरन्नुम शाइराना था। यह अनवर मिर्जापुरी की तरह कव्वालियाना नहीं था, न दिल लखनवी की तरह आवाज़ के उतार-चढ़ाव का नग़माना था और न फ़ना निज़ामी की तरह महफिलाना था। इसमें जिगर मुरादाबादी और उनके बाद मजरूह सुल्तानपुरी जैसी संजीदगी थी। अंतर सिर्फ इतना था जिगर और मजरूह नीचे सुरों (मन्द्र) में असर पैदा करते थे और अख़्तर नज़्मी आवाज़ को ऊँचे पर्दों से (तार) उठाते थे। वे ताल और सुरों के नियमों से भी परिचित थे।

अख़्तर नज़्मी घरेलू स्वभाव के इंसान थे लेकिन घर से बाहर के असन्तुलित तौर-तरीके; जो जीवन में उनके साथ हो गये थे वे बाद में दूर तक उनके साथ भी चलते-फिरते रहे। नयी-नयी दिलदारियाँ, रातों की मदमस्तियाँ और ताश के पत्तों के साथ रात का जागना उनकी आज़ाद मिज़ाजी के प्रतीक थे, लेकिन वे किसी हालत में भी अपने घर एवं उसके शिष्टाचार को अपने से अलग नहीं होने देते थे।

नशे के उतरने के बाद ही घर का रुख़ करते थे और जाने से पहले मुँह से शराब की बू कम करने के लिए सौंफ चबाना नहीं भूलते थे। उनका लालन-पालन धार्मिक माहौल में हुआ था। इस माहौल के मूल्य आजीवन उनकी ज़िन्दगी की मर्यादा निर्धारित

करते रहे। वे देखने में घर एवं बाहर में विभाजित नज़र आते थे मगर वास्तव में वे ऐसे नहीं थे। उनके वही पल जो घर की व्यस्तताओं में बाधक नहीं बनते थे। घर से बाहर निकल आते थे। उनका घर माँ की माला, पत्नी की नमाज़ पढ़ने की चटाई, रहल पर रखे कुर्आन एवं आँगन में खेलते बच्चों की मुस्कुराहट से पुरनूर था। यह घर उनकी शाइरी में जगह-जगह झाँकता नज़र आता था। कहीं प्रतीकों के पर्दे में और कहीं भावना एवं संवेदना की गम्भीरता के साथ –

'वो जगह तो पाक रखनी चाहिए,
जिस जगह सिजदे किया करते हैं लोग।'
'मुसव्वरी है गुफाओं में आज भी जारी,
ये दौर मेरे-तुम्हारे लिए मशीनी है।'
'सिलसिला ज़ख़्म-ज़ख़्म जारी है,
ये जमीं दूर तक हमारी है।
नाव काग़ज़ की छोड़ दी मैंने,
अब समन्दर की जिम्मेदारी है।'

अख़्तर नज़्मी किताब के नहीं जीवन के शाइर थे। वे ज्ञान को अनुभव बनाने की कला से परिचित थे। वे बनते-बिगड़ते रिश्तों, टूटते-बिखरते पलों एवं अतीत एवं वर्तमान के मूल्यों को अपने विवेक से पहचानते थे, अपने दिन-रात के माध्यम से जानते थे। उनकी शाइरी का स्वभाव वारदाती, दार्शनिक और जीवनपरक था। इसमें घर की पवित्रता एवं बाहर के खुले वातावरण का सामंजस्य था। उनके जीवन में उर्दू, हिन्दी में कई संग्रह प्रकाशित हुए। इनमें 'शबरेज़े' (1984), 'ख़्वाबों का हिसाब' (1986), 'सवानेज़े पर सूरज' (1996 ई.), में ग़ज़लों के संग्रह थे। इनके अलावा एक दोहों की किताब 'सोया नहीं कबीर' भी 1999 ई. में प्रकाशित हुई थी।

इन दोहों में अख़्तर नज़्मी अपनी गंगा-जमुनी संस्कृति और उस संस्कृति की जड़ों की ओर लौटते नज़र आते हैं। इनका विषयक नयापन और तस्वीरी भाषा, अख़्तर नज़्मी के काव्यिक चरित्र का नया पक्ष प्रस्तुत करता है। इन दोहों के बारे में उन्होंने दोहों की किताब में लिखा था :

"एक रात लेटे-लेटे कबीर का ख़्याल आया तो कबीर के दोहे जो ज़हन में सोये हुए थे जाग गये। सिर्फ जागे ही नहीं बल्कि पूरे माहौल पर रस की तरह बरस गये। यहीं से मेरे दोहे कहने की शुरुआत हुई।"

कबीर से अख़्तर नज़्मी का रिश्ता पुराना था। उनकी एक शुरू की ग़ज़ल में एक शेर इस तरह था।

'रटते रहे तो याद न कोई सबक हुआ,
सुन-सुन के याद हो गये दोहे कबीर के।'

कबीर हिन्दुस्तान के काव्य का ऐसा चमत्कार था, जिसने साहित्य के सारे नियम-सीमाएँ तोड़कर अपनी उपस्थिति मनवाई थी। उसने घोषणा करके स्वयं को 'अपढ़' कहा था। उन्हीं की पंक्तियाँ हैं :

'तू लिखता कागद की लेखी,
मैं कहता आँखों की देखी।'

लेकिन यह भी हैरत की बात है कि उस 'अपढ़' ने देश के एक अत्यधिक पढ़े-लिखे शाइर 'कवि' रवीन्द्रनाथ टैगोर को नोबल पुरस्कार दिलवा दिया था। टैगोर की किताब 'गीतांजली' पर 'कबीरदास' का प्रभाव स्पष्ट रूप से दिखाई देता है। अख़्तर नज़्मी ने कबीर से अपने सामीप्य को अपने एक दोहे में इस तरह प्रकट किया है :

'दोहे बरसे देर तक जैसे बरसें तीर
मैं भी जागा रात भर, सोया नहीं कबीर।'

इन दोहों में आम बोलचाल की भाषा में घर, माहौल और हालात की तस्वीरें बनाई गयी हैं। इनमें ग़ज़ल के अभ्यास एवं दक्षता का एहसास भी है एवं मिली-जुली सभ्यता की तलाश भी है :

'जात पात मत देखना, जल्दी करो उपाय,
ये बच्चा बच जायेगा, खून अगर मिल जाय।'

'दर्जी ने टाला मुझे ये कहकर हर बार,
काज बटन की देर है, कुर्ता है तैयार।'

अख़्तर नज़्मी मुशायरों के साथ पत्र-पत्रिकाओं में भी छपते रहते थे। डॉक्टर मोहम्मद हसन एवं कमर रईस ने उनकी किताबों पर प्रशंसात्मक भूमिकाएँ लिखी थीं। प्रारम्भ में उनकी एक ग़ज़ल नियाज फतेहपुरी के मासिक पत्र 'निगार' जैसी प्रतिष्ठित पत्रिका में प्रकाशित हुई थी लेकिन कुछ महीने पूर्व, अपनी गिरती हुई सेहत को देखते हुए ग्वालियर में एक रात रंजीत होटल में उन्होंने कहा था :

"यार, किताबें, प्रसिद्धि, प्रशंसाएँ सब अपनी जगह, मगर एक पाठक की आलोचनात्मक दृष्टि से जब अपनी शाइरी को देखता हूँ तो लगता है जैसी यह होनी चाहिए थी वैसी नहीं हो पायी। कहने की तमीज़ अब आयी है तो उम्र की डोर हाथों से छूट रही है।"

अख़्तर नज़्मी देहान्त से कई माह पूर्व बीमार चल रहे थे। भोपाल में इतवारा के चौराहे वाले नौजवान के रंग रूप और ज़िस्म को समय ने काफी बदल दिया था। वो डायबेटिक हो गये थे।

उनकी जीवन यात्रा का आखिरी पड़ाव ग्वालियर में कमला राजा गर्ल्स कालेज था, जहाँ से वे 1992 में उर्दू विभाग के अध्यक्ष के पद से सेवानिवृत्त हुए थे। सेवानिवृत्ति ने उन्हें लिखने-पढ़ने की फुर्सतें कम दीं, बीमारियों की तकलीफ़ें अधिक दीं एवं अपने परिपक्व समझ एवं विवेक से जिस तरह वे लिखने का इरादा रखते थे, उसे पूरा करने का अवसर भी ज़िन्दगी ने उन्हें नहीं दिया। गालिब ने क्या खूब कहा है :

'हज़ारों ख़्वाहिशें ऐसी कि हर ख़्वाहिश पे दम निकले,
बहुत निकले मेरे अरमान लेकिन फिर भी कम निकले।'

□

मोहम्मद अली ताज

दिल की धड़कनों के तरजुमान

"ताज कभी काउंटर से उठके और कभी बड़ी सी कड़ाही में समोसों का मसाला छोड़कर वक़्फे-वक़्फे से अदबी बहसों में शिरकत करते थे और अपनी राय का इज़हार करते थे।"

मोहम्मद अली ताज

यह उन दिनों की बात है जब अच्छे शेरों को किसी आलोचना रूपी बैसाखी की गिरोही सिफारिश की ज़रूरत नहीं होती थी। किताबों और मुशाअरों से शेर स्वयं बाहर निकल आते थे, और अपने पैरों से हर जगह पहुँच जाते थे। शकेब जलाली, पाकिस्तान के पंजाब के किसी रिसाले में ग़ज़ल छपवाते थे और उनके शेर कनाट प्लेस देहली के काफी हाउस में दोहराये जाते थे। शाज तम्कनत हैदराबाद की किसी होटल में किसी को ग़ज़ल सुनाते थे और शेर एक साथ भोपाल, लखनऊ, देहली और ग्वालियर की शामों में जगमगाते थे। आलोचना में गिरोहबाज़ी परम्परा बहुत बाद की बात है। अच्छे शेर श्रोताओं और पाठकों के जरिए दोहराए जाते थे और गायकों द्वारा गाए जाते थे :

'आ के पत्थर तो मिरे सेहन में दो चार गिरे,
जितने उस पेड़ के फल थे पसे दीवार गिरे।'

(शकेब जलाली)

'मेरा ज़मीर बहुत है मिरी सज़ा के लिए,
तू दोस्त है तो नसीहत न कर खुदा के लिए।'

(शाज तम्कनत)

'कुछ उसूलों का नशा था कुछ मुक़द्दस ख़्वाब थे,
हर ज़माने में शहादत के यही असबाब थे।'

(हसन नईम)

'एक पल के रुकने से दूर हो गई मंजिल,
सिर्फ हम नहीं चलते रास्ते भी चलते हैं।'

(शाहिद सिद्दीकी)

ये और ऐसे ही बहुत से शेर कभी शाइर के नाम के साथ और कभी बिना नाम के महफिलों में घूमते-फिरते दिखाई देते थे, गली-कूचों में सुनाई देते थे। जहाँ जाइये ऐसे

ही शेरों की गूँज सुनाई देती थी। यह वह ज़माना था जब बुरे शेरों को अच्छा साबित करने और अच्छे शेरों को दरगुज़र करने का आलोचनात्मक रुझान नहीं पनपा था।

'आदिल मंसूरी' की मुअम्मासाजियों और 'जफ़र इकबाल' की पैंतरेबाजियों को साहित्यिक दर्जा नहीं मिला था। शेरों से संगीतात्मकता और भावना एवं संवेदना की हरारत गायब नहीं हुई थी। पाठक और रचनाकार का रिश्ता बरकरार था और शब्दों का कलात्मक संयोजन शायरी का एक मात्र मेयार था।

मोहम्मद अली ताज से मिलने से पहले उनके कुछ शेर किसी दूर करीब के मुशायरे या मुशायरों से चलकर मुझसे मेरे शहर ग्वालियर में मिलने आ चुके थे। बाद में मालूम हुआ यह मेहरबानी मुझ तक ही सीमित नहीं थी। वे दूर-पास के अन्य इलाकों में भी बहुत सों से मुलाकात कर चुके थे। कई होटलों में, काफी हाउसों में बहुत सों से बात कर चुके थे। उन्हें घूमने फिरने के लिए बाहरी हवालों से बोझल किसी पत्रिका में प्रकाशित सिफारिश की ज़रूरत नहीं थी। ताज के मशहूर शेर :

'हरम-ओ-दैर[1] के मंजर नहीं देखे जाते,
देखने वालों से पत्थर नहीं देखे जाते।'

'ये तो इंसानों के टूटे हुए दिल हैं साक़ी,
हमसे टूटे हुए साग़र नहीं देखे जाते।'

'पीछे बँधे हैं हाथ मगर शर्त है सफ़र,
किससे कहें कि पाँव के काँटे निकाल दे।'

'ताज' की वंशावली से मैं परिचित नहीं हूँ। पता नहीं वे खास भोपाल के थे या उनके पूर्वज कहीं से आकर यहाँ बसे थे लेकिन वे अपनी चाल-ढाल और चेहरे से एक साथ कई इलाकों के वाशिन्दे लगते थे। पान में छालियों की भरमार और चुटकीदार चूने के एतबार से भोपाली चेहरे, रंगत की, सियाही के लिहाज से बंगाली, कोताहकदी[2] से गढ़वाली और अन्दर उतरी हुई छोटी आँखों और चपटी नाक से उन पर नेपाली होने का गुमान होता था लेकिन उन्हें पहली बार देखने पर मुझ पर यह प्रभाव पड़ा था। जो उनको हर रोज बार-बार देखते थे उनके लिए वे भोपाली थे, सिर्फ भोपाली। शेरवानी वाले भोपाली, मियां भाई कहने वाले भोपाली, लगातार पान से मैले दाँतों वाले भोपाली।

'ताज' को भोपाल से बहुत प्यार था और भोपाल भी दिलो जान से उन पर निसार था। वे शहर में किसी भी वक्त किसी भी घर पर दस्तक देकर अन्दर जा सकते थे और बिना तकल्लुफ बुज़ुर्ग हों या जवान उनके साथ वक़्त बिता सकते थे। इसमें

1. काबा या खुदा का घर और मंदिर।
2. मँझला क़द।

औरत मर्द की क़ैद नहीं थी। 'शेरी भोपाली' और 'कैफ भोपाली' भोपाल से बाहर भले ही उनसे ज़्यादा मशहूर रहे हों, लेकिन भोपाल में ताज की शोहरत की बराबरी भोपालताल के अलावा कोई दूसरा नहीं कर सकता था। 'हफीज़' के जालंधर, जिगर के मुरादाबाद और 'फ़िराक़' के गोरखपुर, 'मख़्दूम' के हैदराबाद की तरह भोपाल भी 'ताज' के नाम से जाना जाता था। भोपाल में उनकी लोकप्रियता तांगे वालों और भिखारियों से मंत्रिमंडल के मंत्रियों तक फैली हुई थी।

भोपाल में एक गलीनुमा लम्बा सा बाजार है। इसका नाम इब्राहिमपुरा है। इसमें पहले बीच में एक होटल था। उस होटल का मालिक तो कोई और था लेकिन मैनेजर, वेटर और ख़ानसामां सब 'ताज' थे। उसमें हर वक्त साहित्यकारों, शाइरों और राजनीतिज्ञों का जमावड़ा रहता था। जब ग्राहकों की वजह से जगह तंग हो जाती थीं तो सियासत की गर्मा-गर्म बहसें, शाइरी और उसकी तरक्कीपसंदाना तन्कीदें होटल से उठकर बाहर सड़क किनारे बिछे लकड़ी के तख़्तों पर विराजमान हो जाती थी। इन सियासी और अदबी बहसों को जारी रखने के लिए थोड़ी-थोड़ी देर बाद चाय आती रहती थी, जो 'ताज' की तरफ से मुफ़्त वितरित होती थी।

ताज कभी काउंटर से उठके और कभी बड़ी सी कड़ाही में समोसों का मसाला छोड़कर वक़्फे-वक़्फे से उसमें शिरकत करते थे और अपनी राय का इज़हार करते थे। बाहर से आये हुए साहित्यकारों और शाइरों की खातिर (आवभगत) का जिम्मा भी इसी होटल के सर था। होटल अच्छी थी चलती भी खूब थी। मगर ताज की निरन्तर अदबनवाजी ने उसके फ़ायदे को नुकसान के खाते में डाल दिया था। जिसकी वजह से वो चलते-चलते अचानक एक दिन बन्द हो गयी और फिर उसके बन्द हो जाने के बाद कामरेड शाकिर अली खाँ, मथुरा बाबू, बासित भोपाली, अरशद सिद्दीकी, इशरत कादरी और दूसरे स्थानीय एवं बाहरी साहित्यकार और शाइर अलग-अलग कई जगह बैठने लगे।

भोपाल में सबसे ऊँचे कद के हृष्ट-पुष्ट कामरेड धुर्रू मियाँ की टेलरिंग की दुकान में, जो खुद भी मजाहिया (व्यंग्य) शाइर थे, मथुरा बाबू के किताबों के शोरूम में, जहाँ किताबें कम बिकती थीं किताबों को सिर्फ देखने वाले, अपने शेर ज़्यादा सुनाते थे या और कहीं।

ताज मामूली तालीम के आदमी थे। उर्दू फारसी की प्रारंभिक शिक्षा की किताबों से आगे न वे बढ़ पाये थे न उन्होंने इसकी ज़रूरत महसूस की थी। शाइरी का शौक़ शुरू से था। खुदादाद सलाहियत, शाइरों और अदीबों की संगत और साम्यवाद से गहरी श्रद्धा के सहारे शेर कहते थे और अपनी मस्ती में मग्न रहते थे। दो संग्रह प्रकाशित हुए। पहला उनकी ज़िन्दगी में 'खेम-ए-गुल' के नाम से दूसरा मौत के बाद मध्यप्रदेश उर्दू अकादमी ने छापा। पहले मज्मूए (संग्रह) में भूमिका 'जां निसार' ने लिखी थी, जो

तनकीदाना कम सरपरस्ताना ज़्यादा थी। इसमें उन्होंने 'ताज' की काव्य प्रतिभा को सराहते हुए एक जगह लिखा था :

'ताज जो अपने शहर बल्कि अपने प्रदेश का सबसे लोकप्रिय और हर दिल अज़ीज़ शायर है, कल पूरे हिन्दुस्तान की भी शोहरत का मालिक बनेगा। यह मेरी सोची-समझी हुई राय है।'

'जां निसार' की इस सोची-समझी राय ने उन दिनों मुल्क के कई विद्वानों को आकृष्ट किया था। इनमें 'सज्जाद ज़हीर' (जो भारत में प्रगतिशील आन्दोलन के संस्थापकों में थे) 'अहतिशाम हुसैन' (प्रगतिशील आलोचक) और 'सरदार ज़ाफरी' (प्रगतिशील शाइर और आलोचक) के प्रशंसात्मक लेख ख़ास थे।

दूसरा संग्रह 'सूरजनुमा' के नाम से भोपाल में उर्दू के आधुनिक शाइर 'फज़ल ताबिश' ने उर्दू अकादमी के द्वारा छापा था। 'ताज' डायरी रखने के कायल नहीं थे। उनका कलाम उनके प्रशंसकों की यादों में सुरक्षित था या घर में सिगरेट की डिब्बियों के कवर पर, माचिस की डिब्बियों पर या अव्यवस्थित कागज़ के फर्जों में बिखरा हुआ था। 'ताज' चलते फिरते शेर कहते थे। उनकी कोई ग़ज़ल तीन या चार शेर से आगे नहीं बढ़ती थी। वे खुद अपने कलाम के आलोचक थे। उतने ही शेर कहते थे जितने उनके मेंआर पर पूरे उतरते थे। जब शेर हो जाते थे तो हर अच्छे-बुरे, छोटे-बड़े को सुनाये जाते थे। इन सुनने वालों में तांगे वाले, चायघरों के मालिक, ठेले वाले, पान वाले सब शामिल थे। 'फज़ल ताबिश' ने जो संग्रह प्रकाशित किया वह 'ताज' के इन्हीं बहुत सारे प्रशंसकों की याददाश्तों से प्राप्त किया था या घर की छानबीन से हासिल किया था।

इब्राहीमपुरा के अहद होटल के बंद हो जाने के बाद और बेरोज़गारी का एक लम्बा अर्सा गुज़ारने के बाद वे मुम्बई आ गये लेकिन मुम्बई उनसे मुम्बई में वैसे नहीं मिली जैसे अहद होटल में मिलती थी। 'सरदार जाफरी', 'मजरूह' और 'साहिर' के वे चेहरे जिनको वे भोपाल से लेकर आये थे वे उन्हें यहाँ कहीं नहीं दिखाई दिये। यहाँ सब अपनी-अपनी दुकानों के दुकानदार थे और गैर व्यावसायिक मुलाकातों से बेज़ार थे।

वे यहाँ गाने लिखने आये थे लेकिन जो यहाँ गीत लिख रहे थे, वे उस पेशे में दूसरी साझेदारी के क़ायल नहीं थे और होते भी क्यों। 'ताज' अपने दोस्तों की बेरुखी से नाराज़ भी थे। उन दिनों उनका मेल-जोल 'जां-निसार' से था जो खुद 'साहिर' के एक तरह से नौकर थे और उन्हीं के लिए घोस्ट राइटिंग करते थे। इस काम के लिए साहिर उन्हें दो हजार महीना देते थे।

यहाँ उन्होंने अपनी कोशिशों से एस.एम. सागर की छोटी फिल्मों में गीत लिखे थे। लेकिन बात नहीं बनी और फिर मुम्बई की तेज रफ़्तारी और व्यस्त ज़िन्दगी उनके मिज़ाज़ की भोपालियत को रास भी नहीं आयी। छोटी बस्ती की फुर्सतों की पहचान ने

कुछ दिन ही यहाँ की व्यस्ततम बेनियाज़ी को स्वीकारा, फिर वे तंग आकर वहीं चले गये, अपने भोपाल, जहाँ का हर रास्ता कई सलामों के साथ उनकी आमद का इन्तजार करता था। जहाँ के दरख़्त, जानवर, तालाब सब उन्हें उनके नाम से जानते थे। उनकी काव्य प्रतिष्ठा को पहचानते थे।

'ताज' भोपाल के लाड़ले शाइर थे। भोपाल ने उनकी शाइरी के साथ उनकी आवारगी को भी अपना लिया था। उन्हें न उनकी शराब बुरी लगती थी न मैले-कुचैले कपड़े अखरते थे। 'ताज' और भोपाल के रिश्ते में खुद 'ताज' की नम्रता और प्यार का भी बड़ा दख़ल था। भोपाल और वो एक-दूसरे की आदत बन चुके थे।

'ताज भोपाली' मिजाज़न संवेदनशील, मुहब्बत की शिद्दत और ज़िन्दगी की उष्णता के शाइर थे। उनका साम्यवाद प्रचलित फैशन की देन था। यह उनके बाह्य व्यक्तित्व का हिस्सा था। उनके शऊर का किस्सा नहीं था। उनकी शाइरी में ऐसे शेरों की कमी नहीं है, जिनमें जान-बूझकर वे अपने आपको तरक्कीपसंद साबित करना चाहते थे और शाइरी को मात्र छंदोबद्ध शब्द बना देते थे। नज़रिया हो या अकीदा जब तक ग़ालिब के शब्दों में, रगों में नहीं उतरता, लफ़्जों में रंग नहीं भरता।

'ताज' ने अपने मिज़ाज़ को कम लिखा, प्रचलित रिवाज़ पर कलम ज़्यादा चलाया और इस तरह ऐसे सारे शेर इकहरे नारे बन गये। इस क़िस्म के शेर अपने ज़माने में काफी सराहे जाते थे। लेकिन बाद में भुला दिये जाते थे।

'आज़ादी के ऊँचे सूरज,
गलियाँ तेरे नाम को तरसें।'

'कश्मीर से तारअर्जे दकन चीख रहे हैं,
सूरज है कहाँ अहले वतन चीख रहे हैं?'

'अमन की खातिर जीस्त की खातिर सारा मर्शिक जाग उठा है
लाखों करोड़ों हाथ उठे हैं दिल्ली से शंघाई तक।'

ऐसा नहीं कि ताज की पूरी शाइरी में सिर्फ ऐसे ही शेर हों। जब वे सुनी-सुनाई बातों के बजाय अपने दर्शन और अनुभव पर विश्वास करते थे तो उन्हीं फरशोर शेरों के साथ उनके संग्रहों में ऐसे शेर भी नज़र आते थे जो धीमे-धीमे सुरों में अपनी बातें सुनाते थे। उनमें कोई गहरा तजुर्बा या इज़हार का कोई चौंकाता हुआ मेआर तो नहीं मिलता, मगर अपनी आँखों से देखे हुए मंजरों और ज़िन्दगी से करीबी अनुभवों की सी ताज़ाकारी ज़रूर महसूस होती है और यही 'ताज़' के फ़न का हुस्न है। इनमें ताज़गी और फ़नकारी का खूबसूरत संयोग है। इनमें वह 'ताज' नज़र आता है जिसमें अच्छे और अहम शाइर होने की पूरी संभावनाएँ मौजूद हैं :

‘उठे और उनके ख़त ही देख डाले,
जिन्हें देखा नहीं इक दो बरस से।’

‘ताज’ के इस खूबसूरत शेर को ‘जांनिसार’ ने ‘सफीया अख़्तर’ के खतों के संग्रह ‘जेरे लब’ के पहले पृष्ठ पर इस्तेमाल किया है, लेकिन इसके नीचे ‘ताज’ का नाम नहीं है। ताज के कुछ शेर :

‘तुम तो बेगाने हुए जाते हो,
आओ फिर घर की तरफ लौट चलें।’

‘जो भी रक़ीब शहर में था याद आ गया,
तुम क्या मिले कि अह्दे-वफ़ा याद आ गया।’

‘सोचेंगे सुबह, दिन ये गुजारेंगे किस तरह,
फिलहाल फ़िक्र है कि कहाँ रात कीजिए।’

‘ताज’ मुशायरों में अक्सर बुलाये जाते थे, मगर वो मुशायरों के स्टेज पर ऐसे नज़र आते थे जैसे अजनबियों के मजमे में कोई मजबूर बैठा हो। जब कलाम पढ़ने के लिए बुलाये जाते थे, तो तालियों के शोर में माइक के सामने बैठ या खड़े तो ज़रूर होते थे लेकिन कलाम सुनाकर कब चले जाते थे इसका अंदाज़ा लगाना मुश्किल होता था।

वो कभी दो-तीन शेरों से ज़्यादा नहीं सुनाते थे कभी तो एक शेर ही सुनाकर आदाब कर लेते थे। लोगों की फ़रमाइश को कभी ख़ातिर में नहीं लाते थे। तरन्नुम से पढ़ते थे। पढ़ते वक्त आँखें बन्द कर लेते थे। उनके पढ़ने के अंदाज़ को देखकर सितारवादक ‘विलायत खाँ’ का एक कौल याद आता था। ‘विलायत खाँ’ से जब किसी ने पूछा, जब आप स्टेज पर और सुनने वाले आपके सामने होते हैं तो क्या महसूस करते हैं? ‘विलायत खाँ’ का जवाब था – ‘भई सितार को मिलाने तक तो स्टेज पर हम होते हैं और सुनने वालों से रू-ब-रू होते हैं, लेकिन बाद में हम खुद बजा रहे होते हैं, खुद सुन रहे होते हैं।’

‘कबीरदास’ ने इसी बात को अपने अंदाज़ में कहा था :

‘प्रेम गली अति सांकरी, तां में दो ना समाहि।’

ताज ने खुद को खोकर अपनी शाइरी को पाया था। इसका हुस्न और प्रभाव का राज भी यही है। हिन्दी कवि दुष्यन्त की ग़ज़लों को बनाने सँवारने में भी इनकी बड़ी भूमिका रही है। लेकिन अपने जीवन की भूमिका लिखते वक़्त वो शायद नशे में थे...।

□

खुमार बाराबंकवी

बे-तकल्लुफ़ अदायगी का सरमाया

"वो जिस शाइर के ध्यान आकृष्ट करने पर उसे वाह और सुब्हान अल्लाह से नवाज़ते थे, उसकी नज़र फिरते ही उसकी माँ-बहन का बखान शुरू कर देते थे।"

खुमार बाराबंकवी

मज़ाक-मज़ाक में उस दिन 'खुमार' साहिब की शेरवानी के दो बटन शहीद हो गये थे। इसका मुझे अफ़सोस था। हुआ यों राजस्थान के ख़ूबसूरत शहर उदयपुर में मुशायरा था। कुछ शाइर आ चुके थे, कुछ आने वाले थे। मैं होटल के एक कमरे में हिन्दी, उर्दू के मुक़ामी अदीबों और शाइरों और पत्रकारों से बातचीत में मसरूफ़ था कि इतने में एक बुलन्द क़ामत, मोटा ताज़ा शख़्स पुलिस आफ़िसर की वर्दी में अन्दर दाख़िल हुआ और मुझसे निहायत बेतकल्लुफ़ी से तू-तकार के लहजे में बात करने लगा।

"क्यों भई कैसा है तू? अच्छा हुआ तू आ गया लगता है, मुझे नहीं पहचान रहा बेटा। अबे ग़ौर से देख मैं तेरे वालिद का दोस्त हूँ। मेरा नाम अहमद जमाल है। डिप्टी पुलिस कमिश्नर अहमद जमाल। तेरा बाप मेरा लँगोटिया यार था। मैंने तुझे नंगा घूमते देखा है। पजामा पहनना तो बाद में सीखा तू....।"

अहमद जमाल की तू-तकार का लहजा मुझे अच्छा नहीं लगा। वह भी दूसरों के सामने। वालिद का हवाला सुनकर मैं खामोश था और यूँ भी वे अब इतनी दूर जा चुके थे कि उनसे अब कुछ मालूम नहीं किया जा सकता था। मालूम करने के लिए खुद को नामालूम करना था। जिस बचपन का वे ज़िक्र फ़रमा रहे थे वह अब किसे याद था? हालाँकि इस हवाले के बावजूद मैं उन्हें पहचान नहीं पा रहा था। मेरे प्रशंसकों के सामने उनके बातचीत के अंदाज़ ने मुझे उलझन में डाल दिया। मैं अपने गुस्से को छुपाना भी चाहता था और उन पर अपनी अहमियत जताना भी चाहता था। अच्छा हुआ वे दो-तीन-चार जुम्ले बोलकर चले गये। मैंने फ़राग़त की साँस ली, लेकिन वे थोड़ी देर बाद फिर ड्राइंग रूम में नज़र आ गये और फिर वही बेतकल्लुफ़ी अबे-तबे वाली!

मैंने इसी दौरान खिड़की से देखा 'ख़ुमार' साहिब की टैक्सी होटल में अन्दर आ रही है। मुझे अचानक एक चाल सूझी। मैंने फ़ौरन पलट पर 'जमाल' से कहा, "जमाल साहिब अच्छा हुआ आप आ गये।" "क्यूँ क्या बात है? क्या चाहिए तुझे" उन्होंने दरियाफ़्त किया। "भाई जान मुझे कुछ नहीं चाहिए। इस वक़्त स्टेशन पर 'ख़ुमार' साहिब को आपकी मदद की ज़रूरत है। अभी-अभी फ़ोन आया था। वो शराब के नशे में थे और रेलवे पुलिस ने उन्हें लाक अप में डाल दिया है।" मैंने उन्हें टालने के लिए यह बहाना तराशा था। वो सुनते ही संजीदा हो उठे।

'बदतमीज, गधे, गँवार कहीं के। मैं अभी उनको छुड़ाकर लाता हूँ।' वो औल-फौल बकते हुए उल्टे पाँव लौट गये, लेकिन अभी वो मुश्किल से जीने की दो सीढ़ियाँ ही उतर पाये थे कि इतने में उन्हें 'ख़ुमार' साहिब नज़र आ गये। उन्हें देखते ही वो घबराई हुई आवाज़ में उनसे पूछने लगे – "कहिये हज़रत पुलिस लाकअप में किसी हरामज़ादे ने आपके साथ कोई बदतमीज़ी तो नहीं की?" 'जमाल' 'ख़ुमार' को जानते थे, ख़ुमार उन्हें नहीं पहचानते थे। 'ख़ुमार' ने उन्हें नीचे से ऊपर तक देखा और पूछा कौन से लॉकअप की बात कर रहे हैं आप? मुझे 'ख़ुमार बाराबंकवी' कहते हैं। मैं मुशायरे के लिए हाज़िर हुआ हूँ..... मैं जानता हूँ किब्ला! मैं उसी लाकअप की बात कर रहा हूँ, जहाँ कुछ देर पहले आप को बन्द किया गया था। मैं आपको ही छुड़ाने के लिए जा रहा था, अच्छा हुआ..... 'ख़ुमार' जमाल की बात सुनकर ज़मीन पर सन्दूक रखकर खड़े हो गये ..... 'मुझे लगता है आपको दिमाग़ के इलाज की ज़रूरत है।' 'ख़ुमार' के इस कटाक्ष ने जमाल को नाराज़ कर दिया और वो झल्लाकर कहने लगे, "वाह साहब वाह, शराब आप पियें, बहकें आप और दिमाग़ का इलाज मैं कराऊँ? बुजुर्गवार खैरियत जानिये। आप मेहमान हैं, अगर कोई और इस तरह की बात करता तो ऐसी मरम्मत करता कि सारी शाइरी-वायरी भूल जाता। आप कैसे शाइर हैं? किससे कैसी बात करनी चाहिए यह भी आपको नहीं मालूम? मैं यहाँ डिप्टी पुलिस कमिश्नर हूँ। समझे।" उन्होंने आवाज़ ऊँची करके और आँखें निकालकर कहा।

अब 'ख़ुमार' के गुस्से की बारी थी। उन्होंने अपनी ख़ास गालियों का स्टाक निकाला और उन पर बरसाना शुरू कर दिया। आप मादर..,... हैं। हराम के ...... हैं, बहन ...... हैं..... डिप्टी कमिश्नर ने अब तक दूसरों को गालियाँ दी थीं। गालियाँ खाई नहीं थीं और वे भी खालिस बाराबंकवी। उन्हें शायद यह भी इल्म नहीं था कि 'ख़ुमार' ग़ज़ल के ही मिज़ाजदां नहीं थे, गालियों के हुक्मराँ भी थे। जिन्होंने 'ख़ुमार' को मुशायरों के स्टेज पर देखा था, वो जानते थे कि वो जिस शाइर के ध्यान आकृष्ट करने पर उसे वाह और सुब्हान अल्लाह से नवाज़ते थे, उसकी नज़र फिरते ही उसकी

माँ-बहन का बखान शुरू कर देते थे। लेकिन यहाँ मुशायरे का स्टेज नहीं था। मामला आमने-सामने का था। देखते-देखते हाथापाई शुरू हो गयी और इस इत्तिफ़ाक मुठभेड़ में 'जमाल' की बनावटी बत्तीसी के सामने के तीन-दाँत के साथ 'ख़ुमार' साहिब की शेरवानी के दो बटन भी शहीद हो गये। इस तरीके से 'अहमद जमाल' की तू तकार तो मुशायरे की समाप्ति तक ज़रूर खामोश रही लेकिन इसमें 'ख़ुमार' को जो परेशानी हुई, उसके लिए मैं शर्मिन्दा था। 'ख़ुमार' साहिब को अस्ल वाक़िए का इल्म हुआ तो उन्होंने अपने पान सुपारी और तम्बाकू के बटुए से कुछ और बड़ी-छोटी गालियाँ निकालकर 'जमाल' की ग़ैरहाज़िरी में उसकी नज़्र (भेंट) कर दीं।

'ख़ुमार' के साथ मैंने कई मुशायरों में शिरकत की थी। ट्रेन में, बसों में, हवाई जहाज में उनके साथ सफ़र किया था। वो घरेलू क़िस्म के शरीफ़ इंसान थे। ग़ज़ल कहने और सुनाने के अलावा अदब से उन्हें कुछ लेना-देना नहीं था। उनकी फुर्सतें पहले शराब और बाद में जब शराब छोड़ दी रमी के पत्तों में खर्च होती थीं। उनके मिज़ाज की तामीर में मुहर्रम की मज्लिसों[1] की बरकतें, मज़ारों की ज़ियारतें, क़स्बाई फ़ज़ीलतें[2], 'जिगर मुरादाबादी' की शफ़क़तें[3] और हुस्न की चाहतें शामिल थीं। वो शुरू से सलामा[4]-मन्कबत[5] के माहौल में पले-बढ़े थे। इस तहजीब ने न सिर्फ उनके मिज़ाज को शाइर बनाया था, उनके शेरी लबो-लहज़े को भी क्लासिकी का दर्जा दिया था। वह शोख़ बेहिजाबी और जज़्बा और अहसास की बेनक़ाबी जो मुशायरों में उनकी प्रचलित थी, ख़ुमार की ग़ज़लें उनसे दूर थी। इस अहतियात और संतुलन में अपनी ग़ज़ल में वही फ़िक्री (वैचारिक) रवैया झलकता था, जो उनसे पहले दूसरे रूप 'फ़िराक़' और 'हसरत' की गहरी संज़ीदगी की जगह 'जिगर' और 'असगर' के करीब करता है। फ़िराक़, यगाना और हसरत के बजाय वो तरन्नुम से मुशायरों में पढ़ी जाने वाली ग़ज़लों से प्रभावित थे।

मोहम्मद हैदर खाँ 'ख़ुमार' लखनऊ के करीब बाराबंकी में सितम्बर 1919 ई. में पैदा हुए। उर्दू-फारसी की प्राथमिक शिक्षा घर में हासिल की। फिर अंग्रेजी स्कूल में दाख़िल हुए। मैट्रिक के बाद कालेज भी गये लेकिन अभी इंटर में ही थे कि एक पर्दानशीं ने कहीं से सामने आकर इस तरह नकाब उठाई और इस अदा से वह बिजली लहराई कि आँखों को कई दिनों किताब नज़र नहीं आयी। इस रूमानी हादसे ने

1. गोष्ठियों।
2. क़स्बे की श्रेष्ठताएँ।
3. मेहरबानियाँ।
4. उर्दू-काव्य की एक विधा जिसमें करबला के शहीदों पर शोक प्रकट किया जाता है।
5. महात्माओं का यशोगान।

ज़िन्दगी को कालेज की पढ़ाई से दूर करके आश्नाई[1] के हवाले कर दिया।

'ख़ुमार' की पहली मुहब्बत बीसवीं सदी की शुरुआती दहाइयों में ग़ज़ल में महबूबा के बदलते हुए किरदार की तरह दर्मियानी तबक़े 'मध्यम वर्ग' का एक घरेलू वजूद थी। इसकी एक झलक उन्होंने अपने एक क़तअ[2] में पेश की है। यह वही महबूबा थी, जो हसरत के यहाँ कोठे पर नंगे पाँव आती थी और 'जिगर' के यहाँ पर्दे के पीछे आँसू बहाती थी :

'लबों पर तबस्सुम निगाहों में मस्ती,
अदाओं के झुरमुट में वो आ रहे हैं।'
'नज़र लड़ गयी है जो मेरी नज़र से
पसीने-पसीने हुए जा रहे हैं॥'

उनकी इस पहली मुहब्बत का अंजाम भी वही हुआ जो आम तौर से ऐसी मुहब्बतों का होता है। मुहब्बत में जुनून से ज़्यादा, अहमियत, माँ-बाप की नज़रों में आर्थिक सुरक्षा की होती है। 'मज़ाज' के बारे में 'इस्मत चुग़ताई' ने एक बार लिखा था – 'अलीगढ़ में लड़कियाँ 'मजाज़' का नाम तकिये के नीचे रखकर सोती थीं, यह जानने के लिए कि सुबह 'मजाज़' किसके नसीब का सितारा बनते हैं।'

लेकिन जब उनके लिए रिश्ते की तलाश हुई तो कोई परी चेहरा उनकी फ़ाल (शगुन) में नहीं निकल सका। वजह साफ़ थी शाइर के पास सिर्फ़ शाइरी थी और लड़कियों के माँ-बाप को उनके भविष्य की चिन्ता थी। 'ख़ुमार' ने भी अपनी इस रूमानी नाकामी का मर्सिया (शोक गीत) अपनी एक गीतनुमा नज़्म में लिखा था, जो बाद में थोड़ी बहुत रद्दोबदल के बाद फिल्मी नग़्मा बन गया था। इस नज़्म का एक बंद यों हैं।

'चाह बर्बाद करेगी हमें मालूम न था,
रोते-धोते ही कटेगी हमें मालूम न था।
मौत भी हम पे हँसेगी हमें मालूम न था,
ज़िन्दगी रोग बनेगी हमें मालूम न था॥'

लेकिन यह ज़िन्दगी भर का रोग वक़्त के साथ नये संजोग में ढल गया और वो कुछ दिन बाद कई बच्चों के बाप बन कर ज़िन्दगी की गाड़ी में बैल की तरह जुत गये... और बीती हुई यादों को मुशायरों की शाइरी बनाते रहे और घर चलाते रहे :

1. मुहब्बत।
2. उर्दू नज़्म की एक क़िस्म जिसमें क़ाफ़िये की पाबंदी होती है।

'कभी शेरो-नग्मा बन के कभी आँसुओं में ढल के,
वो मिले तो मुझको लेकिन मिले सूरतें बदल के।'

'जब कभी मुझको ग़मे दह्र ने नाशाद किया,
ऐ ग़मे दोस्त तुझे मैंने बहुत याद किया।'

'फैलती जाती है हर सूं भीनी-भीनी निकहतें,
वो ख़िरामाँ क्या हुए गुलशन ख़िरामाँ हो गया।'

'भूले हैं रफ़्ता रफ़्ता उन्हें मुद्दतों में हम
क़िस्तों में खुदकशी का मज़ा हमसे पूछिये।'

अरब अमीरेट में दुबई के होटल 'काज़ाब्लांका' में 'ख़ुमार' साहिब और मैं एक ही कमरे में थे। सुबह के ग्यारह-साढ़े ग्यारह बजे होंगे कि कमरे की घंटी बजी और एक बड़ी उम्र की औरत लगभग 'ख़ुमार' साहिब की उम्र की, बड़ा सा गुलदस्ता लिये अंदर दाखिल हुई। वह 'ख़ुमार' साहिब से मिलने आयी थी। 'ख़ुमार' आँखों पर चश्मा रखकर उन्हें अभी पहचानने की कोशिश ही कर रहे थे कि वह बड़ी बी बोल पड़ी। 'मैं जानती थी आपको मैं याद नहीं आऊँगी, याद दिलाना पड़ेगा, और फिर वह याद दिलाने लगी। अच्छा यह बताइये जिस कतअ में आखिरी मिसरा है – "पसीने-पसीने हुए जा रहे हैं" वह किसके बारे में था? इतना सुनते ही 'ख़ुमार' साहिब खड़े हो गये और हैरत से उन्हें देखने लगे और उसके बाद पचास साल पहले का बाराबंकी, वहाँ की गलियाँ, इमामबाड़े की मजलिसें, कालेज की ताक-झाँक, दूर-दूर की मुलाक़ातें सब चंद लम्हों में कमरे में चारों तरफ़ बिखर गयीं। 'ख़ुमार' का शेर है :

'कहानी मेरे ही गुज़रे हुए लम्हाते-रगीं की,
मुझी को अब हदीसे दीगरां[1] मालूम होती हैं।'

वह मोहतरमा अपनी नवासी के साथ 'ख़ुमार' के लिए कई तोहफ़े लेकर आयी थीं। उनके जाने के बाद 'ख़ुमार' साहिब आप ही आप बोल रहे थे। बोल क्या रहे थे वक्त के जब्र[2] को कोस रहे थे। लानत है साहिब, पचास साल से जो यादें अज़ीज़ थीं, वे इतनी नाचीज़ थीं, यह आज मालूम हुआ। फिर मेरी तरफ़ देखकर कहने लगे, 'यह वही साहिबा हैं जो मेरे पहले मज़्मूए 'हदीसे दीगरां' के कई शेरों में अब तक पोशीदा (छिपायी हुई) थीं, आज अचानक ज़ाहिर हुईं तो सारा रोमांस खत्म हो गया। वक़्त भी ज़िन्दगियों के साथ कैसा-कैसा सलूक करता है!'

1. किसी अन्य की बात।

2. अत्याचार।

यह हक़ीक़त है उर्दू शाइरों की महबूबा हमेशा सोलह से पच्चीस की उम्रों में घूमती रहती है। वह कमसिन हो सकती है, जवान हो सकती है लेकिन पुख़्ता उम्र की कभी नहीं होती। 'जोश मलीहाबादी' ने अपनी एक नज़्म में इस ग़लती को सुधारने की कोशिश की थी। 'जिगर' ने भी अपनी ही तलाकशुदा बीवी 'नसीम' से जब असगर की मौत के बाद दोबारा शादी की थी, उस वक़्त की एक ग़ज़ल में मत्ला कहा था :

'गुदाज़े इश्क नहीं कम जो मैं जवाँ न रहा,
वही है आग मगर आग में धुआँ न रहा।'

'ख़ुमार' की ज़िन्दगी में उनके तीन शेरी मज़्मूए शाये (प्रकाशित) हुए थे। पहला मज़्मूआ 'हदीसे-दींगरां' था। जो कुतुबख़ाना ताज, मुम्बई ने शाए किया था। 'रक़्से-मैं' और आख़िरी मज्मूआ 'शबे-ताब' साकी बुक डिपो, हैदराबाद से छपा था। इन मज्मूओं में 'शकील बदायूँनी' के बरअक्स (विपरीत) फिल्मी गीतों को शामिल करने से गुरेज़ किया गया था।

'शब-ताब' में गजलों के साथ एक सेक्शन 'नातें ' और 'सलाम' का भी था। ख़ुमार की अक़ीदत[1] की शिद्दत ने इस सेक्शन को साहित्यिक लिहाज़ से ज़्यादा बुलन्द और असरदार बनाया है। उन्होंने सलाम और नातें अपेक्षाकृत कम लिखी हैं लेकिन इन रचनाओं को उन्होंने अपने धार्मिक मूल्यों के बयान का माध्यम बनाया है और शब्दों में नया जादू जगाया है –

'मैंने जो छेड़ी नाते रसूल
छा गये बादल खिल गये फूल,
हाय रे हुस्ने इश्क़े रसूल
शाम को तारा सुब्ह को फूल।'

'सलाम' के शेर हैं-

'जब कभी हक़ की बात चली
छिड़ गया ज़िक्रे इब्ने अली,
ये है नबी के घर का पता
मोड़ हैं बारह एक गली।'

'हम बहक जाने पे भी बात एक ही कहने लगे,
या मौहम्मद कहते-कहते या अली कहने लगे।'

1. श्रद्धा।

इन नातों और सलामों में उनकी ग़ज़ल से ज़्यादा ताज़ाकारी और लफ़्ज़ों के बर्ताव में ज़्यादा फ़नकारी नज़र आती है। इनमें वही नर्मियाँ और गर्मियाँ महसूस होती हैं, जो नज़्में-आफिंदी से (साहब सलाम और मर्सियों के मशहूर शाइर थे।) मंसूब हैं। हैदराबाद में नज़्में-आफिंदी की तरह एक ज़माने में 'ख़ुमार' साहिब भी मोअज्ज़म जां के दरबार की ज़ीनत थे। 'ख़ुमार' शागिर्द तो अपने चचा 'क़रार बाराबंकवी' के थे। उन्हीं के नाम उन्होंने अपनी पहली किताब 'हदीसे दीगरां' समर्पित की थी, लेकिन मिज़ाजन वे 'जिगर' के हलक़े के शाइर थे। 'जिगर' भी अपने दौर में जिन मुतरन्निम शाइरों को अपने क़रीब रखते थे उनमें शकील, शेरी, राज और मजरूह के साथ ख़ुमार का भी नाम था।

खुमार अपनी शाइरी में ही नहीं, तरन्नुम में भी जिगर की पैरवी करने की कोशिश करते थे। वे मुशायरे के कामयाब शाइर थे। उन्होंने जब शाइरी शुरू की थी तब से मरने तक वे मुशायरों की कामयाबी की ज़मानत और उसकी ज़रूरत समझे जाते थे। मुशायरों का इतना लम्बा सफ़र उनके किसी समकालीन को नसीब नहीं हुआ। विभिन्न इलाकों में उनके जश्न मनाये गये। जहाँ-जहाँ उर्दू वाले थे वहाँ शेरख़्वानी के लिए बुलाये गये। हर जगह तारीफ़ और तौसीफ़ के हार पहनाये गये।

आख़िरी दिनों में करीबी रिश्तेदारों की मौतों से टूटकर भी वे मुशायरों में बहुत बुलाये जाने वाले किरदार थे। उनकी बहुत सी ग़ज़लों को हिन्दो-पाक के मशहूर गायकों ने गाया। उनके कई फिल्मी गानों ने उनके नाम को मुल्क के कोने-कोने तक पहुँचाया। मुशायरों के संचालकों ने उन्हें शहंशाहे-ग़ज़ल और 'वक़ारे ग़ज़ल' के खिताबों से नवाज़ा। इक्यासी बरस के ग़म और खुशी की हिस्सेदारी पूरी करके वे 1998 ई. के आख़िरी महीने में ज़िन्दगी को अलविदा कर गये। अब वे बाराबंकवी के एक ख़ानदानी क़ब्रिस्तान में अपने शहर की तहज़ीबी तारीख़ का निशान हैं :

'सब्र करो कि ज़िन्दगी चंद दिनों की बात है,
मारका-ए-ग़म-ओ ख़ुशी चंद दिनों की बात है।'

□

नरेश कुमार शाद

शराबी भी शाइर भी और कहानीकार भी

"उनके बाद मुशायरा में सिवाय दूसरे मजाहिया शाइर के किसी और का पढ़ना मुश्किल होता था। वह कलाम सुनाते ही नहीं थे, उसे दिखाते भी थे।"

नरेश कुमार शाद

नरेश कुमार शाद से मैं कई बार मिला हूँ। मुशायरों के स्टेज पर दिल्ली के काफी हाउस में, मुम्बई के रास्तों पर, अलग-अलग शहरों की महफिलों में, लेकिन वह जब भी मिले कभी पूरे नहीं मिले। हमेशा एक चौथाई या आधे या दो तिहाई ही नज़र आये। सुबह हो या शाम वह हर वक़्त महवे जाम ही मिले। वह जितने बाहर होते थे उससे कहीं ज़्यादा शराब में छुपे वो दुनिया के सामने न कभी पूरे होकर आये न दुनिया ने उन्हें पूरा देखने की ख़्वाहिश जाहिर की।

स्टेज पर होते हुए भी वह स्टेज से दूर होते थे। वह सबमें बैठे हुए भी सबसे जुदा होते थे। मोटर या स्कूटर की तरह उनका इंजन भी बगैर अल्कोहल के स्टार्ट नहीं होता था। शराब जो पहले कभी-कभी का किस्सा थी, अब उनकी शख़्सियत (व्यक्तित्व) का लाज़मी हिस्सा थी। इस शराब ने उन्हें शोहरत भी बहुत दी और ज़हमत भी बहुत दी। शोहरत इस तरह कि अदबी गपशप में उनका नाम भी अख़्तर शीरानी, मीराजी, जिगर मुरादाबादी या मज़ाज की बलानोशी के सिलसिले में लिया जाता था। उसकी ज़हमत के अन्तर्गत उनकी हड्डियों के कई फ्रैक्चर्स, फालिज और दूसरी बीमारियाँ, हाथापाइयाँ और कई मुलाज़मतों से अलैहदगीयाँ (बर्खास्तगी) आती थी, वह जब तक हयात रहे; किसी न किसी खबर के साथ रहे।

वह अच्छा शाइर थे। प्रोज (नस्र) में भी रवाँ थे। मुसलसल लिखते रहे थे। हिन्दो-पाक के मैगज़ीनों में छपते भी थे। लेकिन मजाज़ की तरह उनके अदब से ज़्यादा उनकी कहानी मशहूर हुई। मजाज़ का अफ़साना दिलचस्प था क्योंकि उस अफ़साना तराजी को इस्मत चुग़ताई, सरदार जाफ़री, कृष्णचन्द्र जैसे कलमकार मिले थे। नरेश कुमार शाद अपने अफ़साना के खुद अफ़सानानिग़ार थे। शायद इसीलिए उनकी बे

एतदालियों में काल्पनिक शोखियों की कमी थी। जहानत, विरासत या कुदरत की देन होती है लेकिन उसको सँवारने सजाने के लिए जो मेहनत और रियाज़त की ज़रूरत होती है उसकी मोहलत नरेश कुमार शाद ने अपने आप को नहीं दी। इसका उन्हें खुद भी एहसास था। उन्होंने अपनी आपबीती (जीवनी) में एक जगह लिखा है – 'शाद की आदत का ज़िक्र उसकी शराब नौशी के बगैर मुकम्मल नहीं हो सकता बल्कि मैं तो यहाँ तक कहूँगा कि उसकी तमाम आदतों का सर चश्मा ही शराब है। शुरू-शुरू में वह तफरीहन पिया करते थे। लेकिन अब तो यह लानत रात दिन की मुसीबत बन गयी है।' उनके अशआर हैं :

'घेर ले ग़म अगर ज़माने का,
ढूँढ रास्ता शराब खाने का।'

'जामो मीना है कैफो मस्ती है,
वाह क्या जश्ने तंगदस्ती है।'

'तकल्लुफ़ बरतरफ ए दोस्तो जब जाम आता है,
न तौबा काम आती हैं न तकवा काम आता है।'

'तीरगी हो कि नूर, पीते हैं,
पीने वाले ज़रूर पीते हैं।'

शाद अविभाजित हिन्दुस्तान के पंजाब में पैदा हुए। शाइरी के साथ शराब भी उन्हें विरासत में मिली। लेकिन शाइरी और शराब के साथ किताब उनके वालिद की ज़रूरत थी न उनकी आदत में शामिल थी। शाद अपनी अधूरी तालीम पर अफ़सोस भी करते थे। लेकिन उस अफ़सोस का इलाज करने के बजाय उन्होंने इसका एक आसान मनोवैज्ञानिक जवाज़ तलाश कर लिया था। उनका कहना था कि 'नरेश कुमार' जो एक सीधा-सादा माकूल सा तालिब इल्म (छात्र) था वह अभी सातवीं क्लास में पहुँचा था कि उसे 'शाद' ने घेर लिया। नरेश कुमार अपनी सारी उलझनों का जिम्मेदार उसी शाद को ठहराते थे। और उसी को कोसते हुए मुसलसल पिये जाते थे। फ्राइड के दोहरी शख्सियत (व्यक्तित्व) के उसूल ने बहुत से दानिश्वरों को गुमराह किया है। जदीद शाइरी में भी यह अन्दर बाहर बार-बार दोहराया जाता है। शाद के शेर मुलाहज़ा कीजिए :

'होश में शाद जब तुझे पाया,
तुझमें हमने तेरी कमी पाई।'

जब बेख़ुदी से होश का याराना हो गया,
दैरो हरम का नाम भी मैख़ाना हो गया।'

शाद दो-चार साल के फर्क के साथ साहिर, कैफ़ी, मजरूह, सलाम मछलीशहरी के समकालीनों में थे। लेकिन उन हमअस्रों की तरह इन पर किसी आन्दोलन के डिसिप्लिन का दबाव नहीं था। हालात और वक्त की तब्दीलियों से भी शाद ने अपने लफ़्जों को रूशनास (परिचित) नहीं कराया था उन्होंने विरासत से जो पाया था उसी को अपने शब्दों में दोहराया था। उनकी शाइरी का बड़ा हिस्सा आशिकाना सरमस्ती, रिन्दी व मैंपरस्ती या मानूस शेरी जबाँ में ज़िन्दगी की रायज सूरतों का बयान है। उसमें फिक्री गहराई और फर्द और समाज के रिश्ते की रानाई तो कम है मगर उस्तादाना बर्जस्तगी, ज़बान की ड्रामाई शाइस्तगी ने उसमें ताबिन्दगी पैदा की है। शाद मुशायरों के भी कामयाब शाइर थे। वह तहत में पढ़ते थे लेकिन भारी आवाज़ और हाथ-पांव के चलाने के अन्दाज़ के साथ जुमलेबाज़ियाँ और चुटकुले भी उनकी शेर ख़्वानी में शामिल रहते थे। आज कल के बशीर बद्र की तरह चेहरे बना-बना कर दाद वह खुद पाते थे और तमाशा बनकर श्रोताओं को तमाशा बनाते थे और जब तक माइक के सामने रहते थे, हिन्दी के हास्य व्यंग्य के कवियों की तरह सुनने वालों को हँसा-हँसा कर दाद पाते थे। उनके बाद मुशायरा में सिवाय दूसरे मजाहिया शाइर के किसी और का पढ़ना मुश्किल होता था। वह कलाम सुनाते ही नहीं थे, उसे दिखाते भी थे।

मुशायरे शाइर को जहाँ बिगाड़ते हैं वहाँ सँवारते भी हैं। श्रोताओं की समाअतें, लबों-लहजा की हकलाहटें ही दुरुस्त नहीं करती थीं सुस्त मिसरों को चुस्त करने के आदाब भी सिखाती हैं। दाग, जलील, नूह रियाज़, मुजतर वगैरह की शाइरी में ज़बान की ड्रामाइयत, काफियों की खनक, रदीफों की चमक, सुनने वाले और शाइर के जिन्दा रिश्तों का सबूत है। लेकिन जो शाइर अपने एतमाद को छोड़कर सिर्फ मुशायरों की तालियों तक महदूद हो जाते हैं वह अदब में 'ला मौजूद' हो जाते हैं।

नरेश कुमार शाद ने मुशायरों का नकारात्मक असर कुबूल किया और कही-कहाई बातों को बार-बार दोहराते रहे और यूँ अपनी जहानत को गँवाते रहे। शाद अपने समकालीनों में साहिर और सीनियर शाइरों में अदम से बहुत प्रभावित थे। वह अदम के अकीदतमंदों में भी थे। उनकी यह अकीदत शागिर्दाना भी थी और जारिहाना (आक्रामक) भी थी।

एक बार जब अदम लाहौर से दिल्ली के मुशायरे में आये थे तो उनके रुख़सत हो जाने तक जो रात दिन उनके साये की तरह साथ थे वह नरेश कुमार शाद ही थे। अदम हिन्दुस्तान जब आये थे तब मदहोश थे। लाहौर पहुँच कर जब, होश में उन्होंने अपनी

बयाज़ों का शुमार किया तो उनमें एक कम थी उस एक कम वाली बयाज में उनके ताजा क़तात थे। अदम के यह खोए हुए मुक्तक कई महीनों के बाद उन्हें लाहौर की एक दुकान में किताबी सूरत में मिले। लेकिन इस किताब पर शाइर का नाम नरेश कुमार शाद लिखा था। दोनों के कलाम में इतनी एकरसता थी कि कहाँ से अदम शुरू होते थे कहाँ से शाद इब्तदा करते थे, यह अन्दाज़ा लगाना मुश्किल था। अदम की तरह शाद भी बहुत ज़्यादा कहते थे। शाद कई शेरी मजमुओं के रचनाकार थे। लेकिन उनके संकलन नाम से ही अलग-अलग होते थे। काम से यकसां होते थे।

उनका कोई भी एक मजमुआ पढ़कर सबके बारे में राय दी जा सकती है। एक मुशायरा में शाद को जिस होटल में ठहराया गया था, उसमें उनके साथ झांसी के एक मुतरन्नुम शाइर ताबाँ झाँसवी भी थे। दोनों हममिज़ाज और हमप्याला थे। दोनों मुशायरे में अपनी कामयाबियों के नशे में सरशार थे। इस सरशारी को और गहरा करने के लिए दोनों इसे रात को देर तक जगाते रहे। एक दूसरे की अजमत के कसीदे सुनाते रहे। लेकिन जब सुबह हुई तो लोगों ने देखा शाद कमरे के डबल बैड पर अकेले आराम फरमा रहे थे और ताबाँ झाँसवी जीने (सीढ़ी) के पास सिमटे-सिकुड़े रात की कहानी सुना रहे थे।

"हुआ यूँ कि मैं अपने बिस्तर पर सो रहा था। हर तरफ अँधेरा था। अचानक मेरी आँख खुली तो मैंने देखा शाद हाथ में छुरी काँटा लिए खड़ा था, मैं हड़बड़ाकर खड़ा हो गया वो मुझे पाकिस्तानी कहकर मारना चाहता था। मैंने तय किया है आइन्दा से उसके साथ कभी नहीं ठहरूँगा। वह तो बड़ा खतरनाक आदमी है साहब" वह मुल्की तकसीम (देश विभाजन) का बदला मुझसे लेना चाहता था। भला सोचिए बँटवारे का जिम्मेदार मैं कैसे हो सकता हूँ, मगर वह.......?"

खुदा जाने ताबाँ की कहानी में कितनी सच्चाई थी रात के हादसे के बारे में शाद ने जो बयान दिया वह यूँ था, "मैं आराम से सो रहा था, कि ताँबा के ग़ैर शाइराना खर्राटों से मेरी आँख खुल गयी। मेरे टोकने पर वह उठकर बाहर चला गया और बाहर से दरवाज़ा बन्द कर दिया। मगर वह अकेला नहीं गया मेरी बोतल भी उसके साथ थी। वह बाहर पीता रहा और मैं अन्दर तरसता रहा" वह तो बहुत बुरा आदमी है साहब मैंने तय किया है। आइन्दा कभी उसके साथ नहीं ठहरूँगा। दोनों ने जो थोड़ी देर पहले तय किया था वह नहा-धो कर भूल चुके थे और साथ-साथ फिर से पी रहे थे।

शाद ने अपनी शाइरी पहले शुरू की, रोज़गार की तलाश बाद में की। पहली मुलाज़मत रावलपिण्डी के एक सरकारी दफ़्तर में की। ऑफिस कभी वह अकेले नहीं जाते थे, शराब को भी साथ ले जाते थे। जब एक कुर्सी पर दो की गुंजाइश पैदा नहीं हो

सकी तो वह किसी ज़्यादा चौड़ी कुर्सी की तलाश में इस्तीफ़ा देकर बाहर आ गये। बेरोज़गारी का एक तवील अर्सा गुज़ारने के बाद जब एक बड़ा अफ़सर उन पर या उनकी शाइरी पर मेहरबान होने वाला था तो मुल्की तकसीम (देशविभाजन) आड़े आ गयी। और वह घर से बेघर होकर दिल्ली आ गये। यहाँ भी शाइरी की शोहरत ही उनके काम आयी। वह एक दफ़्तर में नामचार क्लर्क हो गये। इस क्लर्की में उनका काम सिर्फ इतना था कि रोज आफिस टाइम पर आकर रजिस्टर में दस्तख़त कर जाएँ और दिन भर जहाँ चाहे आएँ जाएँ। यह थोड़ा सा काम भी उनके शाइराना मिज़ाज़ पर बार था। वह घर से तो आफिस के लिए निकलते थे मगर आफिस कभी-कभार ही पहुँच पाते थे।

दिल्ली में उनकी शनासाइयों का दायरा काफ़ी बड़ा था। उसमें ताँगे वाले और रिक्शा ड्राइवर से लेकर कॉलेज के स्टूडेण्ट्स (छात्र) तक शामिल थे। कहीं भी कोई उन्हें रोक लेता था और वह सब कुछ भूल कर वहीं के हो जाते थे। इतनी लापरवाही के बावजूद उनकी मुलाजमत हर महीना उनकी पूरी तनख्वाह (वेतन) उनके घर पहुँचा देती थी। शाद मुशायरों के अलावा भी शेर सुनाते थे। सड़कों पर, चौराहों पर फुटपाथों पर हर जगह उनके सुनने वाले होते थे।

शाद अकेले नहीं थे, वह एक भरे-पूरे घर के सदस्य थे। उनके घर में एक बूढ़ी माँ, बीवी और बच्चे थे। घर की बढ़ती जिम्मेदारियों ने आख़िरी दिनों में उन्हें शराब से दूर भी कर दिया था। इस शऊरी दूरी ने उनकी कलम को काफ़ी तेज़ रफ़्तार कर दिया था। वह शमाँ और बीसवीं पत्रिकाओं के नाम सदी में शाइरों और अदीबों के लतीफ़े और उनके इण्टरव्यूज़ लिखते थे। मुख़्तलिफ़ मैगज़ीनों में फ़रमाइशों पर ग़ज़लें कहकर छपवाते थे। खाते-पीते शौकिया शाइरों को पैसों में कलाम इनायत फरमाते थे। उन दिनों उनकी ग़ज़ल और नज़्म की कई किताबें भी छपी थीं। लेकिन शराब से उनकी इस दूरी की मुद्दत ज़्यादा दूर तक उनके साथ नहीं चल सकी।

शराब को उन्होंने एकदम छोड़ने की कोशिश की थी, जिसकी वजह से एक साथ कई बीमारियों से लड़ने के लिए उनके पास न दौलत थी, न उम्र थी। मजबूरन वह फिर से वैसे ही हो गये जैसे पहले थे। उनके और ज़माने के अन्दाज़ में मेल मुमकिन नहीं था। लेकिन यह अदम मुताबकत जो उनकी शख़्सियत का विरोधाभास था। उनकी शाइरी में कम-कम दिखाई देता है। उनकी ज़िन्दगी शाइराना ज़रूर थी। लेकिन उनकी शाइरी उस ज़िन्दगी से काफ़ी दूर थी। उनका एक मुक्तक है :

'शबनमी पैरहन में रह-रह कर,
यूँ तेरा रूप मुस्कुराता है।'

'जैसे जमुना की नर्म लहरों में ,
चाँद का अक्स झिलमिलाता है।'

नरेश कुमार शाद को 'शबनमी पैरहन' में मुस्कुराता हुआ यह रूप एक बार नशे में दिल्ली में जमुना के किनारे ले गया उस रूप के तआकुब में वह जमुना की लहरों में उतर गये और जमुना ने हमेशा के लिए उनकी बेसुकून रूह को पुरसुकून कर दिया।

'यूँ आये वह रात ढले,
जैसे दिल में जोत जले।'

□

ताँबा झाँसवी

बे-उसूलियों की दर्दमन्द कहानी के पैकर

"वह दिन में भी गैर हालत में होते थे और रात को भी सारे हवास कुन्द करके सोते थे। रात दिन की नशाबाजी ने सेहत को ही खराब नहीं किया मुशायरों के संचालकों ने भी उनसे परहेज करना शुरू कर दिया था।"

ताँबा झाँसवी

ताँबा झाँसवी (1922-1986 ई.) मेरी तालिब इल्मी के ज़माने के मुशायरों के मकबूल (लोकप्रिय) शाइर थे।

खुदा ने जिस्म और चेहरा-मोहरा अच्छा दिया था। आवाज़ भी मीठी और फरकशिश थी। लेकिन वह सन्त कबीर की रविश—'ज्यों की त्यों धर दीनी चदरिया' के कायल नहीं थे। कबीर सन्त थे और वह हम जैसे आम आदमी थे।

उन्होंने उस जिस्म की चादर को इस तरह ओढ़ा-बिछाया, कि वह वक्त से पहले दाग़दार होकर जगह-जगह से मैली होकर फटने लगी थी। उनका रंग-रूप हर मुलाकात के साथ थोड़ा-थोड़ा बदलता जाता था। जब मिलते थे, पहले से मुख़्तलिफ़ होते थे। शुरू में सिर्फ अंगूरजादी से दोस्ती थी। बाद में इस दोस्ती में गांजे की सरशारी और अफ़ीम की दिलदारी भी शामिल हो गयी थी। उन्होंने अपनी बे-उसूलियों के बारे में खुद कहा था :

'इन बे उसूलियों से रवाँ है मेरी हयात,
सोया हूँ सारा दिन कभी जागा हूँ सारी रात।'

वह 64 साल तक मुसलसल सोने के वक़्त जागते रहे और जागने के वक़्त सोते रहे। उनकी शाइरी उन्हीं बे-उसूलियों की कहानी है, जिसे वह किस्तवार उस ज़माने के उर्दू के मशहूर रिसालों (मैगज़ीनों) जैसे आलमगीर, ख़य्याम, रहनुमाएतालीम-शमा-ख़ातूने मशरिक वगैरह में छपवाते भी थे और मुशायरों में मखसूस तरन्नुम में सुनाते भी थे। आवाज़ में एक अजीब किस्म की दर्दमन्दाना क़ैफ़ियत थी जो चेहरे की संजीदगी और आँखों से झाँकती गहरी उदासी से बहुत मेल खाती थी। उनकी ग़ज़लों और नज़्मों में शामिल अल्फाज़ जो मुशायरों में उन दिनों पढ़ी जाने वाली सिक्का बन्द

मुशायरे की शाइरी से थोड़े मुख़्तलिफ़ होते थे, इस आवाज़ में भले लगते थे। उन्हें मुशायरों की खामोशी से दाद मिलती थी। उनके शुरू होते ही हर तरफ़ सन्नाटा छा जाता था। लेकिन जैसे ही वह ख़त्म करके उठने को होते थे तो पूरा मुशायरा एक आवाज़ में उन्हें फिर से सुनने को मजबूर कर देता था।

ताँबा साहब का घर का नाम अख्तर आलम था। प्रारम्भ में दो तखल्लुस रखते थे। ताँबा झाँसवी के नाम से मुशायरे में जाने जाते थे और 456 झाँसवी के तख़ल्लुस से पत्रिकाओं में पहचाने जाते थे। जब मुशायरों में ज़्यादा बुलाए जाने लगे तो 456 को तो ताँबा में शामिल हूरूफ के अदाद से तरतीब दिया गया था। तर्क करके (छोड़ के) सिर्फ ताँबा बन गये। ताँबा को कुदरत ने जिस्म, चेहरा और आवाज़ की तरह शेरगोई की जहानत से भी नवाज़ा था। लेकिन उस ज़हानत का भी वह जायज़ इस्तेमाल नहीं कर सके। शुरू के चन्द सालों को छोड़ कर वह मैगज़ीन और किताबों से बेतअल्लुक होकर सिर्फ नये-नये नशों और मुशायरों के होकर रह गये थे। उनके मिज़ाज़ में जिद्दत में और तबीअत में मौलिकता की हरारत जरूर थी। मगर उनको सजाने और सँवारने के लिए जो रियाजत और फुर्सत दरकार थी उनसे उनकी रिन्दाना आदत बेज़ार थी। एक दिन कई बरसों के बाद मकतबा जामियाँ (बम्बई में उर्दू किताबों की दुकान) के फुटपाथ पर मिल गये। थके-हारे परेशान हाल जिस्म से ढीले और चेहरे से पीले नजर आते थे। पूछने पर मालूम हुआ गीतकार इन्दीवर उन्हें झाँसी से ले आये थे। कुछ दिन अपने साथ रखा फिर बाहर कर दिया।

ताँबा के कहने के मुताबिक़ इन्दीवर उन्हें झाँसी के एक प्रोग्राम में मिले थे। वहाँ उन्होंने वादा किया था कि वह मुम्बई में उन्हें भी फिल्मों के गीत लिखने का काम दिलवाएँगे। इन्दीवर का वादा महज एक झाँसा था। वह तीन-चार दिन मुसलसल उनकी ग़ज़लें और नज्में अपने टेप रिकार्डर में सदा बन्द (टेप) करते रहे जब उनके पास सुनाने को कुछ नहीं रहा तो यह कहकर रूख़सत कर दिया कि अब आप जाइये, इन्दीवर जी जब बुलाएँ तभी आइये।

इन्दीवर के सर पर बाल नहीं थे। इस गंजेपन को छिपाने के लिए उनके पास छोटी बड़ी दो विगें थीं। वह हर आने वाले को पहले दरवाज़े में लगे सूराख से देखते थे। एक विग पहनकर वह मेहमान का सत्कार करते थे, दूसरी को पहनकर खुद ही घर में अपने न होने का इनकार करते थे। ताँबा के साथ भी यही हुआ। जब वह एक दिन बाहर से बीड़ी लेकर इंदीवर के घर वापस लौटे तो इन्दीवर इतनी देर में इनकार वाली विग अपने सर पर रख चुके थे। ताँबा मजबूरन अपने टीन का बक्स लेकर मुझे पूछते हुए मकतबा की तरफ चले आये।

इन्दीवर का यह रवैया सिर्फ ताँबा के साथ नहीं था, उनकी इकरार और इनकार वाली विगों का तमाशा और भी कई देख चुके थे। एक बार उनकी बीवी को भी यह अज़ाब झेलना पड़ा। और वह उनसे अलग होकर किसी करीब की बिल्डिंग में चौकीदारी की नौकरी करने लगी थी...। ताँबा जब मकतबा जामिया में मिले थे तो भूखे भी थे और प्यासे भी थे। उन दिनों मेरे हालात भी कुछ ज़्यादा बेहतर नहीं थे। आदमी अपनी परेशानी से ही दूसरे की परेशानी महसूस करता है।

मुझे ताँबा की हालत पर तरस आया और मैंने फौरन उनके लिए जाम तुआम (खाने का इन्तजाम) और इनाम का इन्तज़ाम करा दिया। कुन्तल कुमार हिन्दी कवि के यहाँ हर इतवार को एक अदबी गोष्ठी होती थी। उसमें पहले अदीबो शाइर अपनी रचनाएँ पढ़ते थे। उसके बाद उन पर बहस मुबाहसा होता था। बाद में पीना पिलाना होता था। जैन परिवार में पीना-पिलाना बन्द कमरे में खामोशी से होता था। मैंने ताँबा को इन पाबन्दियों से आगाह कर दिया था, लेकिन उनके प्यास उनकी घरेलू आदाब के कायल न थी। उनसे कहा गया था शराब नोशी कम और एहतियात से करनी होगी और वह भी गोष्ठी के बाद। लेकिन उन्होंने यहाँ भी वही किया, जिसके वह आदी थे। फ़ैज का शेर है :

'पहले कुछ अब्र कुछ शराब आये
उसके बाद आये जो अज़ाब आये।'

वह रोकने-टोकने के बावजूद वक़्त से पहले शुरू हो गये और ज़रूरत से ज़्यादा नशा में हो गये और सारी महफिल को बदमज़ा कर दिया। उम्र ने जिस्मानी हिस्सों पर गिरफ़्त ढीली कर दी थी। ताँबा उठ कर जरूरतन बाहर जाना चाहते थे और मेजबान अपने घर वालों के डर से दरवाज़े की चटखिनी नहीं खोलना चाहते थे। ताँबा इस गैर-जरूरी पाबन्दी पर गुस्सा करने के बजाय अचानक कहकहों के साथ हँसने लगे और गोष्ठी में बैठे लोगों ने देखा उन्होंने जो शराब पी ली थी, उसे वह साफ शफ्फाफ फर्श पर मेजबान को लौटा रहे थे, पेशाब के रूप में। ताँबा की इस कर्ज अदायगी पर कुन्तल कुमार ऐसा नाराज़ हुआ कि उस शाम तयशुदा इनाम और तुआम के बगैर ही हमें वहाँ से वापस आना पड़ा। और भिण्डी बाजार के ठेले पर अपनी तंग जेब से उल्टा-सीधा खुद भी खाना पड़ा और ताँबा को भी खिलाना पड़ा।

ताँबा मिजाजन शरीफ और कम सुख़न इंसान थे। लेकिन मुसलसल बेरोज़गारी और मुशायरा की शबबेदारी ने उन्हें कई बे-एतदालियों का आदी बना दिया था। वह दिन में भी गैर हालत में होते थे और रात को भी सारे हवास कुन्द करके सोते थे। रात दिन की नशाबाजी ने सेहत को ही खराब नहीं किया मुशायरों के संचालकों ने भी उनसे

परहेज करना शुरू कर दिया था। बीवी दो लड़कियों को उनके हवाले करके अल्लाह को प्यारी हो चुकी थी। उन बच्चियों की परवरिश के लिए उनके सामने मुम्बई में क़िस्मत आजमाने के अलावा कोई और रास्ता नहीं था। लेकिन जिन दिनों वह पहली बार झाँसी से मुम्बई में आये थे उनके साथ जवानी थी। तबियत में रवानी थी। वह उस वक़्त फिक्रे रोज़गार के बजाय सोहबते यार के शिकार हो गये और एक से दो होकर वापस हो लिए। लेकिन जब दूसरी बार वे आये तो, उनके पास न तन्दुरुस्त हाथ पाँव थे, न साँसों की ज़्यादा पूँजी थी। वह कोशिश जरूर करते थे लेकिन उस कोशिश को कभी जिस्मानी कमज़ोरी रोकती थी, कभी शराब टोकती थी।

उन दिनों मुझे काफी तगादों के बाद रहने को एक अपना घर मिल गया था। बिना औरत के इस घर में मैंने उनके लिए गुंजाइश निकाली थी। हर सवेरे उन्हें आने-जाने के खर्च के साथ उन ठिकानों के पते भी दिये जाते थे जहाँ से आमदनी की कोई सूरत पैदा हो सकती थी। लेकिन वह अपने जाने के खर्च के पैसों से खरीदी हुई मस्ती शराब में सारे अते-पते घोल कर पी जाते थे। उन दिनों मेरा घर मकामी और बैरूनी अदीबों और शाइरों का अड्डा बना हुआ था। सारा घर रात को देर तक जागता था।

एक रात की शबबेदारी में ग्यास अहमद गद्दी और पाकिस्तान के मशहूर शाइर इकबाल साजिद भी शरीक थे। इकबाल साजिद पाकिस्तान में ग़ज़ल के बहुत अहम शाइर थे। जिन शाइरों ने ग़ज़ल की पूरी तहज़ीब के साथ उसे रायज रूमानियत के असर से आज़ाद किया था उनमें शकेब जलाली, हसन नईम, जफ़र इकबाल वगैरह के साथ इकबाल साजिद का नाम भी लिया जा सकता है। साजिद की एक ग़ज़ल, कपास लिखूँ प्यास लिखूँ, की रदीफ़ को लेकर हिन्दोपाक के कई शाइरों ने ग़ज़लें कहीं थीं। इकबाल साजिद का एक शेर सरहद (सीमा) पार करके उर्दू दुनिया में बोल-चाल का मुहावरा बन चुका है। शेर यूँ है :

'जहाँ भूचाल बुनियादे फसीलो दर में रहते हैं,
हमारा हौसला देखो हम ऐसे घर में रहते हैं।'

इकबाल साजिद भी ताँबा झाँसवी की तरह बलानोश थे। उनकी प्यास पाकिस्तान में मजहबी पाबन्दियों से आज़ाद होकर यहाँ सेक्यूलर माहौल में आयी थी। वह पहली बार हिन्दुस्तान आये थे और अपने साथ बरसों की तिशनगी (प्यास) लाये थे। रात के ग्यारह बजे तक डेढ़ लीटर की बोतल वक्त से पहले बेखबर होकर सो गयी। लेकिन उसके ख़त्म होने के बाद साजिद की प्यास और शदीद हो गयी। मैंने ताँबा

साहब को जो महफ़िल में शरीक थे रुपये दिये और कहीं से कुछ और का इन्तज़ाम करने की गुजारिश की... वह फौरन उठकर चल दिये। ग्यारह बजे के गये हुए दो बजे लौटे और वह भी खाली हाथ। डाँडा जैसे मछली और शराब के इलाके में उन्हें कहीं कुछ नहीं मिला। यह मेरे लिए तअज्जुब की बात थी।

जब मैंने खुद जाने के इरादे से उनसे रुपये वापस माँगे तो निहायत मासूमी और नशे से लड़खड़ाती ज़बान में उन्होंने फरमाया 'यार तुम भी अजीब आदमी हो मेरे पास अब क्या है? जो रकम तुमने दी थी वह शराब की तलाश में टैक्सी पर खर्च हो गयी। कई जगह टैक्सी घुमाई मगर कहीं से कुछ हाथ नहीं लगा। उस वक्त ताँबा की हालत देख कर मुझे लगा' बहुत दिनों के बाद वह घर से दूरी, उम्र की माजूरी और हालात की बेनूरी को मुकम्मल तौर पर भूल चुके हैं। उस रात वह कई रातों की नींद एक साथ सोकर दिन के दो बजे जागे थे।

'मेरी हयात क्या है मुझे कुछ पता नहीं,
यह कायनात क्या है मुझे कुछ पता नहीं।
एक बात सोचता ही चला जा रहा हूँ मैं,
जाने वह बात क्या है मुझे कुछ पता नहीं॥'

इन्हीं के दो शेर और पढ़िये :

'मुझ पर किसी नज़र के अरमान रो रहे हैं,
दाना तो चुप खड़े रहे, नादान रो रहे हैं।
दरिया की ज़िन्दगी में यह पहला वाकेया है,
मल्लाह हँस रहे हैं, तूफ़ान रो रहे हैं॥'

ताँबा साहब ने जब मुशायरा पढ़ना शुरू किया था उस वक़्त तक मुशायरा पेशा नहीं बना था। न शाइर और शाइरात की वह भीड़ तब थी, जो आज स्टेज पर नज़र आती है, मुशायरों में शामिल शाइर न अदब से आज की तरह दूर थे न दूसरों से लिखवाकर स्टेज पर पढ़ते थे। वह उर्दू रस्मुलख़त (लिपि) में अपना कलाम ही सुनाते थे, और आवाज़ के साथ शेरगोई की भी दाद पाते थे।

ताँबा जिस समाज में थे, उससे बाख़बर थे। हाँ यह जरूर है यह बाख़बरी उस बेखबरी के हुस्न से आशना नहीं हो सकी जिसके बगैर लफ़्ज़ों में जादू नहीं बोलता। उन्होंने ज़िन्दगी की मानूस झलकियों को बार-बार दोहराया, उन्हें अपना हमराज़ नहीं बनाया। वह कम कहने वाले शाइर थे लेकिन उनका जो भी कलाम था, वह कलाम एक डायरी में ही महफ़ूज़ रहा। उनकी हयात में उनका कोई मजमुआ (संकलन) नहीं छपा।

एक रात सोते सोते अचानक जाग गये और दो बजे के करीब मुझे जगाया। उनकी आँखों में आँसू थे, पूछने पर मालूम हुआ कि उन्होंने ख्वाब में अपने छोटे भाई अयाज झाँसवी के कमसिन बेटे को देखा था। और वह रो-रो कर उन्हें पुकार रहा था। वह रात को ही झाँसी रवाना होना चाहते थे मैंने उनसे सुबह तक इन्तज़ार करने को कहा, लेकिन वह नहीं माने और अपना टीन का बक्स लेकर किराये की रकम के साथ विदा हो गये। यह उनसे मेरी आख़िरी मुलाक़ात थी। पता नहीं उस रात बच्चे की पुकार ने उन्हें जगाया था या झाँसी में उनकी मौत ने उन्हें बुलाया था।

'वह शाम आयी वह चमके तारे वह बेकरारों को नींद आयी,
फ़िज़ा ने ओढ़ा स्याहियों को हसीन नज़ारों को नींद आयी।'

□

शेरी भोपाली

गहरे और शोख़ अहसास का आइनादार

"शेरी साहब सोलह साल की कच्ची उम्र में बूढ़े होना शुरू हो गये थे। उनके वालिद की बेवक़्त मौत ने उन्हें वक़्त से पहले बालिग बना दिया था।"

शेरी भोपाली

आज से करीब आधी सदी पहले एक फिल्म शौकत हसन रिज़वी के निर्देशन में बनी थी। नाम था 'जुगनू', इसमें दिलीप कुमार के साथ हीरोइन मलका-ए-तरन्नुम नूरजहाँ थी। इस फिल्म में एक ग़ज़ल नूरजहाँ की आवाज़ में बहुत मक़बूल हुई थी। इसका मतला था :

'जहाँ वह हों वहीं ऐ चाँद ले जा चाँदनी अपनी
हमें तो शामे ग़म में काटनी है ज़िन्दगी अपनी।'

यह ग़ज़ल फिल्म में आने के बाद मुल्क के हर गली-कूचे में गुनगुनाई जाने लगी थी। हर महफिल में साजो आवाज़ के साथ सुनाई जाने लगी थी। मोहब्बत नामों की ज़ीनत बनाई जाने लगी थी। इस ग़ज़ल की मकबूलियत सिर्फ़ मलका-ए-तरन्नुम की आवाज़ का कमाल ही नहीं था, इसमें लफ़्जों का जमाल भी शामिल था। आवाज़ को जब अच्छे, अल्फाज़ मिल जाते हैं, तो नग्मों को पर लग जाते हैं।

इस ग़ज़ल के शाइर उन दिनों के नौजवान शाइर शेरी भोपाली थे। शेरी साहब ने यह ग़ज़ल मुम्बई के एक मुशायरे में अपने खास अंदाज़ में सुनाई थी और बेहद दाद पायी थी। आसान बेतकल्लुफ लफ़्ज खाँ दवाँ मिसरे मुशायरे की बा-अदब सरमस्ती में इस ग़ज़ल ने शौकत हसन रिज़वी को भी मुतास्सिर (प्रभावित) किया, और उन्होंने इसे अपनी फिल्म के लिए अच्छे-खासे मुआवज़े पर ले लिया। यह वह ज़माना था जब फिल्मों में हर ऐरे-गैरे से गीत नहीं लिखवाए जाते थे, इसके लिए मुस्तनद (प्रमाणित) शाइर बुलवाए जाते थे। फिल्म में इस ग़ज़ल की शोहरत को शेरी ने कभी कोई महत्त्व नहीं दिया। न बाद में इसे कहीं सुनाया। जब मुशायरों में इसकी फ़रमाइश बढ़ने लगी तो उन्होंने उसी ज़मीन और काफ़िया रदीफ़ में दूसरी ग़ज़ल कही और वही हमेशा

सुनाई। यह दूसरी ग़ज़ल उनके दूसरे मजमुए 'आतिशेदिल' में शामिल है। इसका मतला है :

'चमन के फूल अपने चाँद अपना चाँदनी अपनी,
वह अपने हो गये, तो सारी दुनिया हो गयी अपनी।'

शेरी भोपाली मीर, नज़ीर गालिब और ताजमहल के शहर अकबराबाद यानी आगरा में पैदा हुए, आलमे ग़ैब से आलमे वजूद में कब मौजूद हुए इसके बारे में दूसरों की तरह वह खुद भी ला इल्म थे। उन्होंने इस तअल्लुक से एक बार लिखा है :

'तारीख और सने पैदाइश का सही इल्म न होना मुझ जैसे मध्यम तबके में पैदा होने वाले लोगों के लिए कोई नयी बात नहीं, इसलिए कि हमारे तबके में बड़े या ऊँचे खानदानों की तरह सालगिरह जैसी रस्मों का कोई रिवाज़ नहीं, और न हमारे घरानों में पैदा होने वाले किसी बच्चे के बुजुर्ग उसके भविष्य से ऐसी उम्मीद वाबस्ता करते हैं कि सने पैदाइश को याद रखा जाये।'

घर का नाम मोहम्मद असग़र खाँ था, उसमें 'शेरी' का जुड़ाव मुल्ला रमूज़ी की देन थी। जिनसे उन्होंने इब्तदा (शुरू) में उर्दू सीखी थी। यह वही मुल्ला रमूजी थे जो गुलाबी उर्दू और निकाती उर्दू के मूजिद ख़्याल किये जाते थे।

डॉ. एजाज़ हुसैन ने अपनी किताब 'तारीख़े अदब उर्दू' में उनका जिक्र, पितरस, फरहतुल्लाह बेग, रशीद अहमद सिद्दीकी और अजीम बेग चोगताई के साथ किया है। डाक्टर एजाज़ ने उनके बारे में लिखा है :

"मुल्ला रमूज़ी के यहाँ आम तौर पर सियासी वाक़ेआत की तरफ़ इशारे होते हैं और मिज़ाज़ से फितरी लगाव होने की वजह से इबारत काफ़ी दिलचस्प हो जाती है। वह समाज के बेबाक आलोचक थे।"

शेरी के वालिद मोहम्मद अकबर खाँ अपने समय के मशहूर सूफी स्वभाव और फ़ाजिले अदब होने के साथ एक दार्शनिक भी थे। इस सूफ़ियाना विरासत से शेरी साहब ने तो अपने किरदार और अशआर को ही सजाया लेकिन उनके बड़े लड़के अख़्तर शेरी तीसरी नस्ल में इस विरासत के हक़ीक़त में वारिस बन गये। वो कुछ साल पहले तक मुम्बई में थे और तावीज़, गण्डों और पेशीन गोइयों से अकीदतमन्दों को फ़ैज पहुँचा रहे थे। फिल्मी हल्कों में भी हीरो-हीरोइन जैसे ज़रूरतमन्द उनके आगे-पीछे थे। हर कोई उनसे अपने भविष्य को सुरक्षित करवाना चाहते थे, फिर न जाने क्या हुआ अचानक गायब हो गये? उनकी गुमशुदगी की बाबत लोगों की अपनी-अपनी तावीलें हैं। एक हल्का ऐसा भी है जो इसे भी उनकी करामत से ताबीर करता है। अख़्तर शेरी,

शेरी साहब के इकलौते लड़के थे। लेकिन दोनों का साथ रहना मुश्किल था। बाप जवान बेटे की सूफ़ियाना लापरवाहियों से परेशान था, और बेटा बुजुर्ग बाप की शाइरी से नालाँ था।

अख़्तर की नज़र में शाइरी गुमराही का रास्ता है जो आदमी को ज़हन्नुम की तरफ़ ले जाता है। इसमें झूठ को सच बना कर पेश किया जाता है। इसे अपने वालिद से मोहब्बत थी। इसलिए वह अकेला जन्नत में नहीं जाना चाहता था। शेरी को भी अपने साथ ले जाना चाहता था लेकिन शेरी जीते जी इसके लिए तैयार नहीं थे। यही कारण दोनों के फासले का सबब था। एक दुनियादार था दूसरा खुदा और रसूल की लगन में सरशार था। एक घर की जिम्मेदारियों से मजबूर था दूसरा दुनिया और उसकी रंगीनियों से दूर था।

शेरी साहब सोलह साल की कच्ची उम्र में बूढ़े होना शुरू हो गये थे उनके वालिद की बेवक़्त मौत ने उन्हें वक़्त से पहले बालिग बना दिया था, घर बार चलाने वाला। इसी कच्ची उम्र में उन्हें तालीम छोड़कर मुलाज़मत करनी पड़ी।

भोपाल के अदबी माहौल ने उनमें जो शाइरी का शौक़ जगाया था वह भी साथ परवान चढ़ता रहा। इस शौक़ में शिद्दत उस वक्त पैदा हुई जब वह हकीमी शिक्षा की डिग्री के लिए भोपाल से दिल्ली गये। उस वक़्त दिल्ली में उर्दू मजलिस की अदबी बैठकों की काफ़ी धूम थी। मुम्बई के उस्ताद खलील की तरह ख़्वाजा शफ़ी का दौलत खाना (मकान) भी दिल्ली के कई शाइरों का आशियाना था। हर रविवार को वहाँ बाकायदा गोष्ठी होती थी जिसमें जोश, बेखुद, उस्ताद रसा, राजदेहलवी, दत्तात्रिय कैफ़ी और नये-पुराने शाइर शरीक होते थे। शेरी की शाइरी की ज़बान की चमक-दमक में उनकी रियाज़त और उस्तादों के कलाम से गहरी कुर्बत (निकटता) के साथ उन गोष्ठियों की शिरकत का भी बड़ा रोल है। यहीं से उनकी आवाज़ और अन्दाज़ का एजाज़ अवामी मकबूलियत से सरफ़राज हुआ। शेरी यूँ तो बाकायदा किसी के शागिर्द नहीं थे। लेकिन ग़ज़ल में हुस्न के एहतराम, मोहब्बत की शाइस्तगी, रिश्तों की पाकीज़गी और मज़ाज़ो हक़ीक़त की ताबिन्दगी के लिहाज़ से अगर वह किसी के करीब महसूस होते हैं तो वह जिगर मुरादाबादी हैं।

जिगर साहब भी अपने अहद (काल) में जिन नये शाइरों पर ज़्यादा मेहरबान थे उनमें मजरूह, खुमार, राज और शकील के साथ शेरी भोपाली का भी एक नाम था। शेरी की ग़ज़ल अपने अन्दाज़ में उसी रंगे सुखन की आइनादार है, जो जिगर मुरादाबादी की शाइरी का मेयार (स्तर) है, फर्क केवल इतना है, जिगर के कलाम में जो धीमे और हल्के नज़र आते हैं, वो शेरी के यहाँ गहरे और शोख़ हो जाते हैं :

'यहीं से होती है तमहीद हर फसाने की,
तेरी नज़र है कि तारीख है ज़माने की।'

'अभी तो एक हल्की सी खलिश महसूस होती है,
बहुत मुमकिन है कल इसका मोहब्बत नाम हो जाए।'

'दिल को निगाहे मस्त से बहला के पी गया,
इक जाम एक जाम से टकरा के पी गया।'

'जब से तेरी निगाह ने फेरा है दिल से रुख,
फर्क आ गया है गर्दिशे लैलो नहार में।'

शेरी भोपाली मुशायरों के मकबूल शाइर थे। वह अच्छे शाइर होने के साथ अच्छे परफार्मर भी थे। उस परफार्मेंस में वह आँखें, हाथ और जिस्म की हरकतों से काम नहीं लेते थे। अपनी आवाज़ के उतार-चढ़ाव से जादू जगाते थे। उनका तरन्नुम दूसरों से मुख़्तलिफ ही नहीं था। उसमें गायकी से ज़्यादा लयकारी का हुस्न था। मिसरे को आवाज़ से मुनासिब जगहों पर तोड़कर इस तरह जोड़ते थे कि पूरा शेर तस्वीर बनकर श्रोताओं को झिंझोड़ के रख देता था। शेरी साहब को मैंने कभी पूरा शेर पढ़ते नहीं सुना वह हमेशा काफ़िये तक आकर रुक जाते थे, रदीफ़ सुनने वाले खुद दोहराते थे, वह अक्सर बैठ कर सुनाते थे और बैठे ही बैठे मुशायरे को जब चाहते उठाते थे, जब चाहते थे बैठाते थे। मैंने पहली बार उन्हें दिल्ली के मुशायरे में देखा था।

छोटा कद, गठा हुआ जिस्म, चूड़ीदार पायजामे पर काली शेरवानी, शेरवानी की ऊपरी बायीं तरफ़ की जेब में लाल रंग का रूमाल, सर पर ऊँची बाढ़ की टोपी जिसकी वजह से उनकी जिस्मानी छोटाई में थोड़ी सी लम्बाई का इजाफ़ा हो जाता था। नाक-नक्शा खड़ा था लेकिन चेहरा जिस्म के लिहाज़ से मुकाबलतन बड़ा था। वह आज मिलें या कल पाँच साल बाद मिलें या दस साल बाद मिलें हमेशा एक ही जैसे नज़र आते थे। ऐसा लगता था कि वह अपनी शेरवानी, टोपी, लाल रूमाल और पान भरे मुँह के साथ हमेशा फ्रीज़र में रहते थे। जब भी बाहर निकलते थे साल महीने बदलते थे, वो खुद नहीं बदलते थे। मुशायरों के बहाने जब भी जहाँ जाते बुजुर्गों के मज़ारात की जियारत ज़रूर फ़रमाते थे।

शाइरी के अलावा हर शाइराना लत से कोसों दूर थे। उनके होते अदब में कई परिवर्तन आये, कई तहरीकें उदय हुईं, अस्त हुईं। नई नज़्म आयीं, आज़ाद नज़्म आयीं, उसके बाद काफ़िया रदीफ़ और छन्द से शाइरी आज़ाद हुई। लेकिन ग़ज़ल से उनके लगाव और उसके क्लासिकी सजाव में कोई फर्क नहीं आया। उनके दो मजमुए

छपे पहले का नाम 'सुबहे ग़ज़ल' था दूसरा 'आतिशे दिल' के नाम से छपा। पहले मजमुए में उन्होंने अपने शेरी नज़रिये के बारे में लिखा था।

'असनाफे अदब में ग़ज़ल को बेहतरीन ज़रिया समझता हूँ। पिछले कई सालों से हमारे शाइरों ने नये-नये तजुर्बात किये हैं, कर रहे हैं और उन्हीं जदीदियत पसन्द हजरात ने बिल इत्तिफ़ाक ग़ज़ल की मुख़ालिफत भी की पर ग़ज़ल की मकबूलियत और बादशाहत के सामने यह मुखालिफत नहीं ठहर सकी और उन्हें ग़ज़ल की ताबिंदगी और पाइंदगी का एतराफ़ करना पड़ा।'

शेरी दिमाग से ज़्यादा आँख के शाइर थे। उन्होंने ज़िन्दगी को अकल के बजाय अपने हवास व जज़बात से समझने की कोशिश की थी। और उन्हीं तजुर्बात से अपनी ग़ज़ल की आराईश की थी। उनके शेरी किरदार वजेदार, बुर्दबार, सरशार और रिश्तों की अकदार के तर्जुमान थे। उनकी मोहब्बत के रंग जो पहले उम्र के लिहाज़ से शोख़ और चंचल थे बाद में तसव्वुफ (अध्यात्म) की आमेज़िश (मिश्रण) से ज़्यादा गहरे और तहदार हो गये थे। 'आतिशे दिल' में शामिल कुछ शेर यूँ हैं :

'ऐ असीरे तसव्वरात बता,
कौन अब किसकी बारगाह में है।'
'बे हेजाबी ने घटा दी मेरी कीमत मेरी कद्र,
तेरा जलवा में भी हूँ लेकिन नज़र आता हुआ।'
'वह तो मिलने को मुझसे मिल जाएँ
इश्क ही रास्ता नहीं देता।'

शेरी की शाइरी का हुस्न उनके आत्मविश्वास का आईना है। मुशायरों की मकबूलियत के बावजूद उन्होंने न इसे कभी बाज़ार बनाया न उसे अपने मेयार से गिराया। वह पत्रिकाओं में छपने-छापने के कायल नहीं थे, सिर्फ गोष्ठियों और मुशायरों में शेर सुनाते थे और शेर आप ही आप दूर-दराज़ के सफ़र पर निकल जाते थे।

दिल्ली के जिस मुशायरे में उन्हें पहली बार देखा था उसका संचालन कुंवर महेन्द्र सिंह सेहर कर रहे थे। निजामत में अश्लील लतीफ़े सुनाने और गैर अदबी जुमले दोहराने की रिवायत (परम्परा) उन्हीं की देन है।

कम उम्र लड़कियों की शाइरात की हैसियत से शिरकत भी उन्हीं का एहसान है। शेरी को बुलाते वक़्त उन्होंने यूँ तआरुफ कराया था लीजिए, अब शेरी साहब तशरीफ ला रहे हैं वह भोपाली हैं। वैसे भोपाल से जो आता है, उसे भोपाली ही कहते है। सेहर साहब के इस जुमले पर उनके प्रशंसकों ने कहकहा बुलन्द किया। शेरी साहब को उनका यह गैर अदबी मज़ाक अच्छा नहीं लगा। उन्होंने फौरन जवाबन कहा, यह सही

है कि भोपाल से आने वाले को भोपाली कहते हैं, लेकिन आप जिस तरह शाइर का तआरुफ कराते हैं, उसे अदब की पामाली कहते हैं। इस बार पहले से ज़्यादा बुलन्द कहकहा लगा। कहकहे के बाद जब शेरी साहब ने ग़ज़ल शुरू की तो श्रोताओं और शेरी के दरमियान सिर्फ़ दादो सताइश थी और बेदी की मज़ाक-बयानीय देखकर हैरान थी। शेरी अदब के उस मिजाज़ के प्रतिनिधि थे, जिसमें अभी तिजारत शामिल नहीं हुई थी।

'जो कुछ दिल पर गुज़रता है वही कहता हूँ ऐ शेरी,
ज़माने से जुदा है शेर अपना शायरी अपनी।'

□

सुहा मुजद्दिदी

छोटे कद लेकिन बड़े हौसलों, इरादों वाला शाइर

"कालेज के दिनों में सुहा साहब के भाषणों की बड़ी धूम थी। वह हर विषय पर निहायत बारीक आवाज़ में अलिमाना अन्दाज़ में बोलने के माहिर थे।"

सुहा मुजद्दिदी

सैयद मुमताज हुसैन, 9 फरवरी 1892 ई. में पुराने भोपाल की नवाबी रियासत में पैदा हुए। ज़िन्दगी के पचपन सालों में घर के इस नाम में मुसलसल इजाफ़ा होता रहा। इस इजाफ़ों में कुछ उनका हाथ था, कुछ उनके मद्दाहों (प्रशंसकों) का। पहले उन्होंने इसमें सुहा लगा दिया, बाद में उनके मद्दाहों ने इसे मौलाना से सजा दिया। फिर हज़रत शाह से अकीदत की रियायत से खुद उन्होंने इसमें मौलाना सुहा अलीग मुजद्दिदी लगा दिया उनको देखने और पढ़ने वालों ने कुछ अर्सा तो इस ज़रूरत से ज़्यादा लम्बे नाम सैयद मुमताज हुसैन मौलाना सुहा मुजद्दिदी अलीम को दोहराया फिर उनकी जिस्मानी साख्त के मुताबिक, उसे भी उनके कद के हिसाब से छोटा करके सिर्फ सुहा मुजद्दिदी बना दिया इसी नाम से वह अदबी दुनिया में मशहूर हुए।

मैंने पहली बार उन्हें भोपाल में ही अपने वालिद दुआ डिबाइवी के साथ देखा था। मेरे वालिद कद से छः फुट से कुछ ऊपर थे और सुहा साहब उनके घुटनों के बराबर थे।

वह पीछे से मेरे जैसे कमसिन और सामने से मेरे वालिद के हमसिन लगते थे। तीन सवा तीन फुट की लम्बाई पर गर्दन तक बटनबन्द छोटी सी शेरवानी उसी हिसाब का चूड़ीदार पाजामा, बच्चे जैसे हाथ में अपने कद से आधी चाँदी के मूठ की छोटी सी छड़ी, सर पर काले फर की टोपी और मुँह में पान वाला यह शख्स जोश मलीहाबादी की आत्मकथा, यादों की बारात का एक अहम किरदार था। जोश ने उनके बारे में लिखा है।

'अभी कल की बात है कि 1940 ई. में मेरे महबूब दोस्त सुहा ज़िन्दा थे। हम दोनों का फिरदोसे रंगोबू यानी शहर लखनऊ में कयाम था। मेरा मकान था बनारसी

बाग के फाटक के सामने और वह रहते थे लाल बाग के चौराहे के नुक्कड़ पर। हमारे मकानों के दरम्यान फासला बहुत कम था। हम एक दूसरे से तकरीबन रोज मिलते-जुलते थे और आपस में उठते-बैठते थे। हमारे पड़ोस में यादश बखैर, मशहूर, कुबूल सूरत एक गायिका का मकान था। जहाँ अक्सर हम लोग मस्त होकर उस वक़्त तक सागरों मीना के फूल चुनने, गाना सुनने और नग्मा व हुस्न पर सर धुनने के शगल को जारी रखते थे जब तक कि रात की जुल्फें कमर से गुजर कर पिंडलियों तक नहीं आ जाती थीं।'

मुल्की तकसीम के बाद वह मुसलमान जो पाकिस्तान नहीं जा सके थे या नहीं जाना चाहते थे वह हैदराबाद, रामपुर, भोपाल, जावरा, खैरपुर वगैरह जैसी मुस्लिम शासकों की रिवायतों में शरणार्थी हो गये थे। इन दिनों अपने-अपने घरों से हिजरत करने वालों में मेरा खानदान भी था। हम सिन्धी या स्टेट से उखड़ के नवाब हमीदुल्लाह के भोपाल में बसे थे। भोपाल में जिस इलाक़े में हमारा घर था उसके सामने ही सुहा साहब का मकान था। इसमें वह अपनी दूसरी नयी बीवी के साथ थे। सुहा साहब ने दो शादियाँ की थीं। पहली शादी के वक़्त साथ में जवानी थी। दूसरी बार उम्र की बे सरोसामानी थी। लेकिन न जवानी ने उनका साथ निभाया न बे सरोसामानी ने तरस खाया। दोनों दफ़ा उन्हें वह सुकून नहीं मिला, जिसकी तलाश थी। मिलता भी कैसे वह कलाम के धनी थे लेकिन जिस्म से मुनहनी थे।

मशहूर ड्रामा निगार गिरीश कर्नाड ने अपने एक नाटक 'हयबदन' में औरत की मनोविज्ञान का एक सुंदर विश्लेषण पेश किया है।

एक औरत की ज़िन्दगी में दो मर्द हैं। उनमें एक उसका शौहर है जो कलमकार है। औरत को उससे मोहब्बत है। दूसरा उसके शौहर का दोस्त है, जो पहलवान है। जब दोनों एक जंगल में औरत के लिए पानी की तलाश में अलग-अलग दिशाओं में निकलते हैं और काली के एक मन्दिर में एक-दूसरे से मिलते हैं, जहाँ वह आपस में झगड़ते हैं और एक-दूसरे की गर्दन जिस्मों से अलग कर देते हैं। जब वे काफ़ी देर तक नहीं लौटे तो औरत उन्हें तलाश करती हुई वहाँ आती है तो दोनों को मरा हुआ देखकर घबरा जाती है।

माँ काली उसकी घबराहट पर तरस खाती हैं और हुक्म सुनाती हैं, 'कटी हुई गर्दन जिस जिस्म से लगाओगी, उसे फिर से ज़िन्दा पाओगी। औरत दोनों को देखती है और कलमकार यानी अपने पति के सर को पहलवान के जिस्म से जोड़ देती है।'

सुहा साहब की पहली बीवी की तरह उनकी दूसरी अहलिया (पत्नी) भी कुछ दिन के बाद वैसी नहीं रही जैसी वह शादी से पहले नज़र आती थी। यह दूसरा तजुर्बा

भी उनकी ज़िन्दगी में किसी खुशगवार तब्दीली का कारण बनने के बजाय उनके लिए नयी उलझनों का ही बाइस (कारण) बना। कुदरत की नाइंसाफी को वह अपनी कोशिशों से बदलना चाहते थे। लेकिन ऐसा मुमकिन नहीं हो सका।

'सुहा निराली है अपनी हस्ती सुहा ख़्याली है अपनी दुनिया,
लगाए यादे खराम ठोकर सुनाए तस्वीरे यार बातें।'

सुहा साहब की तस्वीरे यार जो पचास से ऊपर की उनकी उम्र की परेशानी थी। भोपाल में मेरी उर्दू की उस्तानी (शिक्षिका) थीं। वे दिन सुहा साहब की बेरोज़गारी के भी थे। आमदनी का कोई ज़रिया नहीं था। कुदरत की कारफरमाई और समाजी बे एतनाई को बहलाने के लिए वह शराब का सहारा लेते थे। जब वह इस आलम में घर आते थे तो जो भी सामने आता था उसे छोटे मुँह से बड़ी-बड़ी गालियाँ सुनाते थे। और ऐसे आलम में जब वो घर में आते थे तो, इस शोर-गुल से उकता कर उनकी बीवी उन्हें जबरदस्ती गोद में उठाकर मचान पर बैठा देती थी।

इस अमल पर पहले वह झल्लाते थे फिर थक कर नशे में वहीं सो जाते थे। सुहा साहब का मशहूर शेर है।

'खोया सुहा को भी तेरी बेदादे नाज़ ने,
किन खूबियों का शख्स कि पैदा न हो कहीं।'

ग़ालिब की तरह सुहा साहब को भी अपनी खूबियों का इल्म था। इन खूबियों की आबयारी में खुदा दाद जेहानत के साथ उनकी मेहनतों का भी बड़ा दखल था। वह अमीर घर में पैदा हुए थे। उनके वालिद सैयद याहया हुसैन, शाहजहाँ बेगम मलिकाए भोपाल के अहद (काल) में डिप्टी कलक्टर थे। उनकी इब्तदाई तालीम भोपाल में हुई फिर अलीगढ़ कालेज से इण्टरमीडिएट की डिग्री हासिल की।

कालेज के दिनों में सुहा साहब के भाषणों की बड़ी धूम थी। वह हर विषय पर निहायत बारीक आवाज़ में अलिमाना अन्दाज़ में बोलने के माहिर थे। वह उन दिनों फ़ने तफ़रीर के मुकाबलों में रंगून और दूसरे शहरों में कालेज की नुमाइन्दगी करते थे। अरबी, फारसी और अंग्रेज़ी के गहरे अध्ययन ने उनकी गद्य और शाइरी की तहज़ीब की थी। वह पन्द्रह-सोलह साल की उम्र से शेर कह रहे थे और तीस साल की उम्र तक वह अपनी मश्शाकी और इंफरादियत के लिहाज़ से हिन्दुस्तान के मशहूर शाइरों में शुमार होने लगे थे। यह वह ज़माना था। जब हाली की सदाए बगावत पर अदब का एक काफ़िला उनका हमसफ़र हो चुका था। अमीरो दाग़ की हुक्मरानी में इक़बाल और सीमाब की जादू बयानी शेरो अदब के नये इमकानात की पासबानी कर रही थी और

उसके कुछ बाद हसरत यगाना, फानी, असगर, जिगर, फ़िराक ग़ज़ल को फिक्रो इज़हार के नये-नये उफकों से मुतआरिफ़ करा रहे थे। उन्हीं के साथ दाग़ स्कूल की नुमाइन्दगी भी करने वाले उस्ताद भी सरगर्मे अमल थे। लेकिन हालात की तब्दीली ने श्रोता और पाठक के मिज़ाज़ को कुछ इस तरह बदल दिया था कि उनको ज़बानो-बयान के हुस्न की दाद तो दी जाती थी मगर यह शाइरी लकीर के फकीर की रिवायत की असीरी समझी जाती थी । जो विरासत का हिस्सा तो थी लेकिन अहदे गुज़िश्ता का किस्सा थी।

सुहा भी उन्हीं शाइरों के कारवाँ में शामिल थे जो शेरो अदब की नयी राहों में रवां थे। सुहा जब ऐवाने ग़ज़ल में नमूदार हुए तो उनकी सज-धज दूसरे समकालीनों से मुख़तलिफ थी। उनके दाएँ तरफ मिर्जा ग़ालिब थे और बाएँ तरफ गुलज़ारे दाग़, और आफताबे दाग़ वाले नवाब मिर्जा दाग़ देहलवी थे। ग़ालिब और दाग़ के इमतजाज (मिश्रण) ने उनकी ग़ज़ल की तामीर की थी। जो शुरू में दाग़ की खुश गुफ़्तारी और बाद में ग़ालिब की बुर्द बारी की फ़नकारी बनी, इन दोनों रंगों के शेर उनके यहाँ यूँ हैं :

‘शराबियों की सी लगजिशें हैं, नसीम की सी रवानियाँ हैं,
बड़े कयामत के हैं यह फितने जो उनके कदमों में पल रहे हैं।?’

‘कुछ अश्क जानता है इस बजाए ज़िन्दगी को,
है हम पे नींद तारी ख्वाबों में जा रहे हैं।’

‘अब जी में है कि खुद को मिटाकर भी देख लें,
हस्ती ही उनके जलवे का पर्दा न हो कहीं।’

‘आये हैं अभी होके पशेमन जहां से,
फिर दिल का तकाज़ा है कि एक बार वही और।’

सुहा साहब का जैसे अपनी ज़िन्दगी से ला तअल्लुकों के साथ तअल्लुक का रिश्ता था। यही रवैया उनका अपनी शाइरी के साथ भी था। वह अदबी पत्रिकाओं में तो छपते रहे लेकिन ज़िन्दगी में कलाम को यकजा किया न प्रकाशन के लिए उसे तरतीब दिया। इस लापरवाही की एक वजह ग़ालिब के कलाम से उनकी बढ़ती हुई दिलचस्पी भी थी। ग़ालिब एक ऐसा शाइर है, जो इसके करीब हो जाता है, वह हर शाइरी से दूर हो जाता है। इस दिलचस्पी ने उनसे दीवाने ग़ालिब की टीका लिखवाई, जो 1922 ई. जो मतालिबुल ग़ालिब के नाम से प्रकाशित हुई। इसकी इशाअत के वक्त सुहा साहब मुश्किल से तीस साल के थे। और यह भी हकीक़त है कि उसकी मुल्कगीर

शोहरत ने उनकी जेहानत व इल्मियित का चर्चा ज़्यादा किया। उनके शेरी सौन्दर्य पर ध्यान कम दिया।

'लम्आत सुहा' के नाम से उनका एक मुख़्तसर सा मजमुआ (संकलन) ज़रूर प्रकाशित हुआ लेकिन उनकी मृत्यु के बाद। सुहा की शाइरी के बारे में शाइरे इंकलाब जोश मलीहाबादी ने लिखा है।

'सोहा साहब के से नन्हे-मुन्ने इंसान के अन्दर किस कदर बड़ाइयां थीं उनकी तबियत में शाइरी का किस कदर रखाव था और उसके सीने में जुर्रत और बेबाकी का किस कदर जबरदस्त आतिश फंशा दहक रहा था...सुहा क्या थे, क्यों कर बताऊँ?'

मतालिबुल ग़ालिब के प्रकाशन ने उनके लिए आर्थिक सम्भावनाओं की कई राहें खोल दी थीं। 1922 ई. में ही हकीम अहमद शुजा की दावत पर वह लाहौर चले गये और अपने दौर के एक अहम अदबी पत्रिका 'हज़ार दास्तान' को एडिट करने लगे। मुमताज शाइर अख़्तर सईद खां ने 'लम्आते सुहा' के दीबाचों में अपने वालिद हामिद सईद खाँ के हवाले से लिखा है कि वह एक दफ़ा लाहौर से सुहा साहब के साथ अल्लामा इक़बाल के दौलत केद पर थे। दौराने गुफ़्तगू अल्लामा ने फरमाया था 'जब भी माहनामा हज़ार दास्तान आता है तो पहले मैं यह देखता कि कहीं सुहा जलवागर हैं या नहीं'।

सुहा साहब का नाम उनकी कम उम्री में ही अदब और एहतराम से लिया जाने लगा था लाहौर से उन्हें नवाब खैरपुर ने अपनी रियासत में याद किया और अपने पर्सनल सेक्रेटरी का ओहदा (पद) पेश किया। सुहा साहब की सिफारिश पर ही हफ़ीज़ जालन्धरी को वहाँ शाइरे दरबार मुकर्रर किया गया था लेकिन सुहा अपनी आज़ाद मिज़ाज़ी की वजह से वहाँ ज़्यादा टिक नहीं सके और फिर लाहौर आकर माहनामा नैंरगे ख़्याल का सम्पादन करने लगे।

सुहा साहब निहायत खुद पसन्द, हुस्न शनास और खुद्दार इंसान थे। वह अपने तौर पर जिये, वह भी दूसरों की तरह ज़िन्दगी के सर्दो गर्म से गुजरे थे। समाजी ज़रूरतों ने उन्हें भी सताया लेकिन उन्होंने अपनी तबियत के खिलाफ़ कहीं सर नहीं झुकाया। वह देखने में छोटे लेकिन हौसलों और इरादों से बहुत बड़े थे। एक बार वह भोपाल के स्टेशन के फर्स्ट क्लास वेटिंग रूम में अपनी गाड़ी का इन्तजार कर रहे थे कि इतने में एक अंग्रेज आया और जहाँ वह बैठे थे वहीं मेज पर टाँगें फैलाकर दराज (लेट) हो गया। ये उन दिनों की बात है जब अंग्रेजों का राज था। सुहा साहब ने एक नज़र उसे देखा और अपनी नाराज़गी का इजहार यूँ किया कि वह भी उसके मुँह की तरफ जूते करके लेट गये, उन्हें इस हालत में देखकर अंग्रेज ने गुस्से से पूछा :

Who are you, little man?

सुहा ने उसी तरह आधे लेटे, आधे बैठे उसे जवाब दिया :

I am a poet, writer, orator and critic big man.

वह अंग्रेज जो पहले से गुस्से में था सुहा का अंग्रेजी जवाब सुनकर सिर्फ मुस्कुराते हुए इतना बोला, "All in one, little man!" और टाँगें नीचे करके बैठ गया।

सुहा की ज़िन्दगी में लाहौर, खैरपुर, और लखनऊ की कयामत की काफ़ी अहमियत है। उनका जिक्र सुहा के ख़तों और जोश की किताब, यादों की बारात में बिखरा हुआ है। लेकिन उनकी रचनात्मक सरगरमियों का ठिकाना भोपाल ही रहा। जहाँ उन्होंने मुखतलिफ अदबी, विषयों पर मज़ामीन तहरीर किये। ज़्यादा ग़ज़लें कहीं "मतालिबुल ग़ालिब कलम बन्द कीं और यहीं 1940 ई. में भोपाल के एक कदीम घराने में दूसरा विवाह किया। और फिर यहीं 27 दिसम्बर 1947 ई. को अपनी तमाम जेहानत और कुदरत को समेट कर एक छोटी सी कब्र में सो गये कुछ दिन उस छोटी सी कब्र पर नस्ब कतबा उनकी याद दिलाता रहा और फिर वह निशान भी मिट गया। अब शायद ही किसी को मालूम हो कि उर्दू अदब का वह मशहूर दिमाग किस जगह महवे ख़्वाब है। सुहा साहब का मशहूर शेर है :

'उठिये तो कहाँ जाइये जो कुछ है यहीं है,
बाहर तेरे घर के तो न दुनिया है दीन है।'

□

नवाब हकीम अहमद

नई ज़मीनों में ग़ज़ल को ढालने वाला शाइर

"वह हरफों की अदायगी में बोलने वाले के लबों की हरकतों से बात की तह तक पहुँच जाते थे। लेकिन उनका यह इल्म भी उनकी दीगर अदबी मरूफियात की तरह राज ही था।"

नवाब हकीम अहमद

नाम 'हकीम अहमद, सिलसिला नक़वी', ग्वालियर की सिन्धिया हुकूमत ने नवाब के ख़िताब से नवाज़ा। ख्वास बज़्मे उर्दू की माहाना गोष्ठियों में उनके दीदार करते थे। अवाम हर जुमेरात को उन्हें देखते थे। वह अपने मर्तबा और पोजीशन की वजह से पास होकर भी दूर रहने पर मजबूर थे।

जुमेरात का दिन स्व. माधवराव सिन्धिया (कांग्रेस लीडर के दादा) के दौरे हुकूमत में ग्वालियर शहर में बहुत अहम होता था। उस दिन राजा की सवारी निकलती थी। शहर के ख़ास बाज़ार में बाड़े के पीछे मंसूर शाह बाबा की दरगाह पर सरकारी चादर चढ़ाने और मजार के सामने घुटनों के बल बैठकर सर झुकाने, सवारी निकलने से पहले वर्दी पोश सक्के मखसूस रास्तों पर बड़ी-बड़ी मश्कें कन्धों पर लटकाए छिड़काव करते थे। सड़क किनारे की इमारतों के झरोखे रंग-बिरंगी कन्दीलों से सजाए जाते थे। फराने दरख्त नहलाए-धुलाए जाते थे। हर तरफ फौजी घुड़सवार घूमते फिरते नजर आते थे।

राजा सोने-चाँदी से लदे-फँदे हाथी पर निकलते थे। झरोंखों से फूल बरसाए जाते थे। हर तरफ राजा की जयकारों का शोर। मजार के दीदार के बाद वह थोड़ी दूर पर कृष्ण मन्दिर में घण्टियाँ बजाते थे। फजारी से माथे पर तिलक लगवाते थे और फिर वापस महल में लौट जाते थे। मजार से राजा की अकीदत की लम्बी दास्तान थी।

1843 ई. में जनकू जी ने बिना संतान के इन्तकाल किया था। उनके बाद उनकी बेवा रानी ने सिन्धिया खानदान से एक लड़के को गोद लेकर 1858 ई. में गद्दी का जानशीन बनाया। लेकिन तात्या टोपे और झांसी की रानी लक्ष्मीबाई के हमलों ने उसे शहर बदर कर दिया। अंग्रेजी फौज के सरबराह लार्ड हैफ रोज ने उन्हें दोबारा हुकमराँ

बना दिया। कहते हैं तख़्त की दोबारा बहाली में मंसूर शाह बाबा की दुआ शामिल थी। इस रूहानी फैज के एवज राजा ने उस दरगाह के सज्जादा नशीं को 'श्री साहब' के लकब (उपाधि) से अपने दरबार का निगहदार बनाया। और जुमेरात को मजार की जियारत को सरकारी रिवायत ठहराया। यह रिवायत माधव राव की हयात तक निभाई गयी। उनके बाद उनके गद्दी नशीं राजा द्वारा हिन्दू महासभा के असरात में इस मौरूसी परम्परा को भी हिन्दू-मुस्लिम का विवाद बना दिया गया। इसी राजा के दौर में नाथू राम गोडसे को ग्वालियर में गाँधी मर्डर के लिए तैयार किया गया था।

माधव राव सिंधिया के महल से रुख़सत होते ही सारा मजमा नई सड़क की तरफ मुड़ जाता था जहाँ से उसी दिन तीसरे पहर के वक्त दो सफेद घोड़ों की सजी बनी बग्घी गुजरती थी। उसके दायें-बायें के पायदानों पर दो सरकारी अहलकार... रियासती वर्दियों में मलबूस हाथों में चाँदी की मूठ वाले बल्लम लिए खड़े होते थे। उसमें सिन्धिया के मंत्रिमंडल के होम मंत्रालय के मंत्री, ख्वाजा खानून की दरगाह में हाज़िरी देने जाते थे। उनका नाम 'हकीम अहमद नकवी' था। जो वज़ीर होने के अलावा मशहूर शाइर और अदीब थे।

हकीम अहमद बदायूँ के थे। उनके पूर्वज एक सूफी शर्फुद्दीन मोहम्मद आला एक अरब थे। जिनका सिलसिला चौदह वास्तों से हजरत अली तक पहुँचता था। शर्फुद्दीन, कुतुबउद्दीन ऐबक के अहद में हिन्दुस्तान आये और बदायूँ को अपना मरकज (केन्द्र) बनाया और यहीं देहान्त के बाद लहदनशीं होकर निशाने हिदायत बन गए। इस खानदान के अन्य लोग काम की तलाश में 1951 ई. में ग्वालियर आये। बदायूँ से ग्वालियर आने वाले उस कारवाँ में सैयद करीम अहमद भी थे। जिनके घर में 1879 ई. में हकीम अहमद पैदा हुए और यहीं के विक्टोरिया कालेज (जो अब महारानी लक्ष्मीबाई कालेज है) से सन् 1900 ई. में ग्रेजुएट होकर राजदरबार से मुंसलिक हो गये और अपनी जेहानत के सहारे थोड़े ही अरसे (समय) में वजारते खारजा के ओहदे पर नियुक्त हुए। उनकी एक ग़ज़ल के शेर हैं :

'दिल अगर जिन्दा न हो जीना न जीना एक है,
मय अगर बे कैफ हो पीना न पीना एक है।'

'है खुदाई भर के तूफानों की दिल ही है जगह,
नूह की कश्ती हो या दिल का सफीना एक है।'

नयी-नयी ज़मीनों की तलाश और खुश आहंग अलफाज़ का इन्तखाब उनकी ग़ज़लों की हुस्नकारियाँ थीं। मुशायरों से कतराते पर नशिस्तों में निहायत तमतराक से

सुनाते थे। भारी आवाज़, मंत्री होने का रोब, मतला से मकता तक दाद व तहसीन से महफिल पुरशोर रहती थी। सुनाते वक्त आत्मविश्वास का यह आलम था कि इधर-उधर देखना भी गँवारा नहीं करते थे। अपने युग के मशहूर नक्काद और माहनामा 'निगार' के सम्पादक नियाज फतेहपुरी ने उनके बारे में लिखा था – 'यूँ तो फितरत की तरफ से आपको अदबी जौक़ भी बड़ी पाकीज़ा अता हुआ है, आप बड़े अच्छे सुख़न फहम भी हैं और सुखनगार भी। लेकिन आपके हकीकी जौक़ का तअल्लुक हमेशा इल्मी व तारीखी रहा। अगर विजारत के पेशे की मसरूफियत हायल न होती और फितरी जौक़ की परवरिश का मौका मिलता तो उस वक्त तक बड़े मोहक्कि (शोधकर्ता) मुसन्निफ (लेखक) की हैसियत से मुल्क में रूशनास हो चुके होते।'

लेकिन अपनी सरकारी व समाजी व्यस्तता के बावजूद हकीम अहमद का रिश्ता इल्मों अदब से कभी टूटा नहीं। वह बज़्मे अदब की सदारती फर्ज भी निभाते रहे, होम मिनिस्टरी भी चलाते रहे और शेर भी पाबन्दी से कहते रहे और सुनाते रहे। अदब और फलसफे पर मुज़ामीन भी लिखते रहे और छपवाते रहे। उनका तअल्लुक अदब व इल्म से सन्तों और सूफियों जैसा था। वह गीता के मुताबिक कर्म के भोगी थे। उसके लोभ के भोगी नहीं थे। उनके लेख "निगार" में छपते थे ह-अ के हरफों के साथ। नियाज फतहपुरी ने कभी उन मुँहबन्द हरफों (अक्षरों) को खोला न हकीम अहमद ने उनके बारे में किसी से बोला। हिन्दुस्तान के क्लासिकी दर्शन में तसव्वुरे वक्त तसलसुल से इबारत है। इसमें व्यक्ति की जगह समूह की अहमियत है। हकीम अहमद भी काम के साथ नाम जोड़ने के कायल नहीं थे।

'अजब चलता हुआ जादू है इस दुनिया-ए-फानी का,
के ख़्वाहिशमन्द है हर एक उम्रे जावेदानी का।'

यही वह रवैया था जिसकी वजह से उनकी हयात में उनका कोई मजमूआ (संग्रह) छपा न मुजामीन की किताब छपी। वह अपने नाम से ज़्यादा अपने काम से जाने जाते थे। हकीम अहमद शुरू से ही ऊँचा सुनने के मर्ज के शिकार थे। उम्र के साथ उसमें और ज़्यादती होती गयी। आदमी समझदार थे, इस प्राकृतिक कमी को वह जाहिर किये बिना बोलने वालों के होठों के खुलने, मिलने, सिमटने सिकुड़ने के गहरे अध्ययन से पूरा कर लिया करते थे। वो बात को बिना सुने समझ लिया करते थे।

वह हरफों (अक्षरों) की अदायगी में बोलने वाले के लबों की हरकतों से बात की तह तक पहुँच जाते थे। लेकिन उनका यह इल्म भी उनकी दीगर अदबी मरूफियात की तरह राज ही था। इस राज से पर्दा उस वक्त हटा जब उन्होंने एक बैठक में सदारती ग़ज़ल पढ़ने के बजाय एक मुख़्तसर सी तकरीर की थी।

'मैं आज हाज़रीन को यह इत्तेला देते हुए खुश हूँ कि आपकी वक्तन फवक्तन तनकीद (आलोचना) की रोशनी में मैंने अपने कलाम को परखा और शाइरी को तर्क करने का फैसला कर लिया। मैंने अब तक जो कहा है उसे रद्द करता हूँ। आपने अच्छा किया जो मुझे बहरा समझा और मेरी मौजूदगी को दर गुजर करके मेरी शाइरी के बारे में अपनी सही राय का इजहार करते रहे। आप जो गाहे बगाहे महफिल में आपस में बोलते रहे हैं, वह मैं अपनी आँखों से सुनता रहा हूँ और इस पर ग़ौर करता रहा हूँ। मैं आपकी नसीहत के लिए शुक्रगुजार हूँ।'

बज़्म के सदस्यों ने उन्हें समझाने और मनाने की बहुत कोशिश की लेकिन उन्होंने जो फैसला कर लिया था उसे नहीं बदला। यह उस समय की बात है जब मुँह से निकली बात पत्थर की लकीर की तरह होती थी और उसमें कोई तब्दीली किरदारी दोष की तरह होती थी। उस सदारती तकरीर के बाद न किसी ने उनके मुँह से उनका कलाम सुना न उन्होंने शेर कहा। जो आखिरी शेर सुना था वो यूँ था :

'शेर कहता हूँ या खुदा जाने,
शेर के फ़न को ख़्वार करता हूँ।'

हकीम अहमद मिजाजन तन्हाई पसन्द थे। उनके ओहदे (पद) ने भी उन पर बहुत सी एहतियातें आयद कर दी थीं। महफिलों में वह बेतकल्लुफ होते थे, न कलाम सुनाते वक्त किसी को मुखातिब करते थे। अपना कलाम सुनाते वक्त तक वह सबके दरम्यान होते हुए भी कहीं और पहुँच जाते थे। उनकी इस बेनियाजी और एहतियात मिज़ाजी से सिर्फ अदीब या शाइर ही नहीं खुद उनके घर वाले भी डरते रहते थे। जिनको भी उनसे कुछ कहना होता था या कोई काम करवाना होता था वह उनके बजाय उनकी बेगम से सम्पर्क करते थे। उनकी बात वह कभी टालते नहीं थे। वह हुकूमत में होम डिपार्टमेंट के वजीर थे और बेगम घर में सरकार दरबार थी। हकीम अहमद सिर्फ उन्हीं की सुनते थे। उन्हीं से डरते थे। अपनी बेगम के इन्तकाल पर उन्होंने फारसी में एक गम आमेज मतला कहा था।

'ज़रफतेन तू मन अज़ उम्र, बे नसीब शुदम,
सफ़र तो करदह ए मन दरवतन गरीब शुदम।'

बेगम की जुदाई में वह कुछ दिन सूफी ख़्वाजा खानुन की दरगाह से भी नाराज़ रहे। यह नाराज़गी कई हफ़्तों चली। उन्होंने कई हफ़्तों दरगाह में हाज़िरी नहीं दी फिर जब एक रात ख़्वाब में खुद ख़्वाजा तशरीफ लाए और उन्होंने कुरआन के अलफ़ाज़ सुनाए "कुल्लो नफसुन जायकतुल मौत" (जो पैदा हुआ है, उसी के लिए मौत है) तो

वह फिर से दो घोड़ों की बग्घी पर नज़र आये और यह जियारत का सिलसिला यूँ ही जारी रहा।

हकीम अहमद वजेदार और दीनदार इंसान थे। उनके मकान के बड़े फाटक पर हर वक्त फ़कीरों की लम्बी चौड़ी भीड़ रहती थी। जिनकी वह खामोशी से मदद करते रहते थे। मजहब से उनका रिश्ता मौलवीयाना नहीं था। इसमें सूफियाना कुशादगी थी। इसमें अपने अकीदा की इज़्ज़त के साथ दूसरों की रिवायत का आदर भी शामिल था। इस कुशादगी ने उनसे वैदी लिट्रेचर जैसी अहम किताब लिखवाई। यह किताब उनके गहरे अध्ययन और कई साल की मुसलसल मेहनत का नतीज़ा थी। इसमें उन्होंने हिन्दुओं के मुकद्दस (पवित्र) ग्रन्थों ऋग्वेद, सामवेद, यजुर्वेद और चौथे और अथर्ववेद के मुन्तख़िब मन्त्रों का सलीस और साफ उर्दू ज़बान में तर्जुमा किया है और साथ में अहद ब अहद बदलते समाज में मूल्यों की तब्दीली पर तबसरा भी किया है। इन तबसरों में पश्चिमी व भारतीय दानिश्वरों की दलीलों से भी फायदा उठाया गया है। हकीम अहमद के अनुवाद की ज़बान सीधी और अवामी ज़बान के करीब है। पहले वेद ऋग्वेद की एक ऋचा का तर्जुमा देखें। इसमें रहने सहने और दान पुण्य की तरगीब है :

‘जो दे सकता है!
उसको चाहिए, ज़रूरतमन्दों की ज़रूरत पूरी करे,
दौलत वक़्त के दो पहियों की तरह घूमती है
कभी एक के क़रीब होती है
कभी दूसरे को चूमती है,

जो शख़्स पैरों को हरक़त में रखता है
वही सफ़र पूरा करता है
जो पूजा करने वाला बोलता रहता है
उससे ज़्यादा कमाता है
जो ख़ामोश रहता है।’

वैदी लिट्रेचर अपने विषय के लिहाज़ से उर्दू में पहली किताब है। इसमें वह सारे मुजामीन शामिल हैं जो माहनामा “निगार” में बिना नाम के छपे थे। (नियाज फतहपुरी ने ही उन्हें यकजा करके छापा था) उसके दीबाचे में उन्होंने लिखा था – ‘यह न सिर्फ वेदी अदब है बल्कि इससे पैदा होने वाले दूसरे मजहबी व तारीखी लिट्रेचरों के हिसाब से इतनी मुकम्मल चीज़ है कि इसके अध्ययन के बाद कोई तिशनगी बाकी नहीं रहती।

उर्दू में यह अपनी तरह की पहली किताब है जो इस खास विषय पर इस कदर एहतियात और तहकीक के बाद लिखी गयी है।'

हकीम अहमद नकवी की यह पहली और आख़िरी किताब है। जो उनके नाम से छपी थी। इस किताब पर प्रकाशन वर्ष 1960 ई. है। नियाज के इसरार पर वह इसकी इशअत पर राजी तो हो गये लेकिन इस रिवायत शिकनी से नाराज़ होकर कुछ दिन बाद ही हमेशा के लिए रुख़सत हो गये। ख़्वाजा खानून मौत के कुरआनी दलील की तरह नियाज उनकी किताब के प्रकाशन की कोई काबिले यकीन दलील पेश नहीं कर सके और वो दुनिया से हमेशा के लिए रुख़सत हो गये।

□

उस्ताज़-उल-असातिज़ा

नातिक़ गुलाठी

दाग़ के मकतब का नुमाइन्दा

"उनकी ग़ज़लें बयान की सफ़ाई, मुहावरों की रानाई और सादगी और जेबाई के लिहाज़ से दाग़ स्कूल की नुमाइंदगी करती है।"

उस्ताज़-उल-असातिज़ा[1] नातिक़ गुलाठी

'नादिर शाह' और 'अहमद शाह अब्दाली' के हमले 'मीर' के ज़माने के दो बड़े हादसे थे। एक उनके लड़कपन की घटना थी, दूसरा उनकी जवानी का हादसा था। 'अहमद शाह अब्दाली' ने 1861 ई. में मुगल सल्तनत के पतन के दिनों में जो तबाही मचाई थी उसके 'मीर' (पैदाइश 1824 ई.) चश्मदीद शाहिद रहे थे। मीर ने 'ज़िक्रे-मीर' (आत्मकथा) में इसका आँखों देखा हाल निहायत दर्दनाक अंदाज़ में बयान किया है।

'सुबह को जो गोया सुबहे कयामत थी, तमाम फ़ौज शहर पर टूट पड़ी और कत्लों ग़ारतगिरी में लग गयी। शहर के दरवाज़ों को तोड़ डाला, लोगों को क़ैद करके बहुतों को जला दिया, न जाने कितनों के सिर काट दिये। तीन दिन-रात ये जुल्म जारी रहे।' उस दौर की देहली 'मीर' के शेरों में भी जगह-जगह नज़र आती है; कहीं इशारों में, कहीं संकेतों में :

'दिल की बर्बादी की इस हद है ख़राबी कि न पूछ,
जाना जाता है कि इस राह से लश्कर गुजरा।'

'किन नींदों अब तू सोई है ऐ चश्मे-गिरिया नाक[2],
मिज़गां[3] तो खोल शहर को सैलाब ले गया।'

'अब ख़राबा हुआ जहां आबाद,
वरना हर इक क़दम पे यॉं घर था।'

---

1. उस्तादों के उस्ताद।

2. आँसू भरी आँख।

3. पलकें।

'अहमद शाह अब्दाली' की फौज में क़त्ल और गारतगिरी करने वाले सिपाहियों के साथ एक सूफ़ी मिज़ाज शख़्सियत, सय्यद मनहाजुद्दीन की भी थी। 'अब्दाली' देहली को लूटकर वापस चला गया लेकिन मनहाजुद्दीन किसी नज़र से ख़ुद लुट के हमेशा के लिए हज़रत निजामुद्दीन की बस्ती के हो गये। मौलाना 'नातिक' इसी बुज़ुर्ग की सातवीं नस्ल के चिराग थे। 'नातिक' अब्दाली के हमले के तकरीबन 125 साल बाद मौजूदा महाराष्ट्र के एक इलाके कामिटी (नागपुर) में 11 नवम्बर, 1886 में पैदा हुए। गुलावठी उ.प्र. से उनका रिश्ता हिन्दुस्तान में उनके वंशावली की चौथी नस्ल में सय्यद इनायतुल्ला के वास्ते से था, जिन्होंने वहाँ सुकूनत रूह इख़्तियार की थी। इनायतुल्ला वतनपरस्त इंसान थे। 1858 ई. की आज़ादी की जंग में उनकी हिस्सेदारी पर अंग्रेज हुकूमत ने उन्हें फाँसी की सज़ा दी थी। 'नातिक' साहब ने इस सज़ा को अपनी वतनपरस्ती के एज़ाज़ के तौर पर अपनाया और नागपुर में रहते हुए अपने आपको हमेशा 'गुलावठी' कहलवाया।

'नातिक' साहब को पहली बार मैंने ग्वालियर में देखा था। वे आये थे एक मुशायरे के लिए लेकिन मेरे वालिद दुआ और दूसरे स्थानीय शाइरों के आग्रह पर कई दिन ठहरे थे। उन दिनों ग्वालियर भी रामपुर, हैदराबाद, भोपाल और लखनऊ की तरह उर्दू का एक अहम क्लासिकी केन्द्र था। 'मुज़तर खैराबादी' जानशीन अमीर मिनाई और 'जानशीने दाग़', 'नारायण प्रसाद मेहर', 'सरूप नारायण अमीन', 'कप्तान ताबां', शिवनाथ कौल शकिर और हबलाल राद अल्लाह को प्यारे हो चुके थे।

उनके बाद 'साहिल हैदरी', 'जान मोहम्मद अनवर', 'चाँद नारायण हक्सर', 'उमाशंकर शादां', 'जिया अब्बास', 'जां निसार अख़्तर', 'फय्याजुद्दीन फय्याज', 'रज़ा कुरैशी', 'मदहोश', 'रियाज़ जेवरी', 'दुआ डूबाइयबी', जैसे उस्तादों की आवाजों से अदबी फ़ज़ा रोशन थी।

'दिले मुज्तर हलाके बेहिजाबी हाय दिलबर हो,
गिरे मुझ पर जो बिजली वो तिरे कद के बराबर हो।'

(कप्तान ताबाँ)

'दिल सी शै हम आपको दे दें मिटाने के लिए,
एक दुनिया चाहिए इक दिल बनाने के लिए।'

(मौहम्मद असगर शाह)

'जी लिये चार दिन जवानी में,
ज़िन्दगी उम्र भर नहीं होती।'

(जिया अब्बास हाश्मी)

'ये भी न जा सकेगी अगर वो न आएँगे,
दामन पकड़ लिया है शबे इंतज़ार का।'

(मदहोश ग्वालियरी)

इन्हीं बुजुर्गों में एक नाम 'नवाब हकीम अहमद' का भी था, जो सिंधिया स्टेट के पूर्व मंत्री थे। शाइरी के साथ उनका बड़ा कारनामा चारों वेदों का उर्दू अनुवाद था जो 'वैदी लिटरेचर' के नाम से किताबी सूरत में प्रकाशित हो चुका था। उनकी सरपरस्ती में हर माह तरही नशिस्तें[1] होती थी जिनमें दिल शाहजाँपुरी', 'नूह नारवी', 'सीमाब', 'बेखुद', मानी जायसी वगैरह शरीक हो चुके थे। मैंने अपनी कम उम्री के दिनों में नूह नारवी और मानी जायसी को बज्में-उर्दू की इन नशिस्तों में देखा और सुना था।

मानी साहब निहायत दुबले-पतले, कमज़ोर जिस्म के बुजुर्ग थे। गर्दन तक बंद बटन की शेरवानी और चूड़ीदार पाजामा पहने जब वे शेर सुनाते थे तो तीर कमान बन जाते थे। शेर के हर शब्द के साथ उनके गले की रगें फूलती जाती थीं, चेहरे की झुर्रियाँ कँपकँपाती जाती थीं, साँसें थम-थम कर वापस आती थीं और आवाज़, तरन्नुम में जगह-जगह टूट कर जुड़ती जाती थी। उनकी शेरख़्वानी को श्रोता कानों से सुनने के बजाय बसारतों[2] से सुनते थे। उनको इस आलम में एक बार पढ़ता देख कर 'नूह' साहब ने आहिस्ता से कहा था 'अल्लाह इसकी मुश्किल को आसान करे'।

इन्हीं नशिस्तों का एक वाकिआ बुजुर्गों की जुबानी सुना था। 'नारायण प्रसाद मेहर' और 'मुज़तर ख़ैराबादी' ज़िन्दा थे। 'मुज़तर' अमीर मीनाई के शागिर्द थे और 'मेहर' दाग़ के। दोनों अपने-अपने शार्गिदों के साथ तरही नशिस्तों में शरीक होते थे और एक-दूसरे से मुकाबला करते थे। जब मुज़तर के गिरोह का कोई शाइर कलाम सुनाता था तो मेहर के हलके में सन्नाटा छा जाता था और जब 'मेहर' की सफ़ से किसी को बुलाया जाता था तो 'मुज़तर' समेत सब पर पाला पड़ जाता था। 'मेहर' की तरही ग़ज़ल का मत्ला था :

'असीरी में, जुनूँ ने तो किये ज़ंजीर के टुकड़े,
खुलीं जब बंद आँखें तो मिले ताबीर के टुकड़े।'

'मेहर' साहब की पूरी ग़ज़ल मत्ले से मक़्ते तक उस्तादाना थी लेकिन मुआसराना चश्मक[1] की वजह से मुँह से वाह नहीं निकली। मेहर के बाद मुज़तर को ज़ेहमते-कलाम दी गयी। मुज़तर का पढ़ने का अंदाज़ कहते हैं निहायत जादूगराना था। वे शेर नहीं पढ़ते थे। हाथों के इशारों, आँखों की हरकतों और आवाज़ के उतार-चढ़ाव

1. काव्य गोष्ठियाँ।

2. नज़रों।

3. समकालीन विरोध।

से उसकी तस्वीर बनाते थे। जब मुज़तर ग़ज़ल के इस शेर पर आये :

'जमाना रोटियों पर फ़ातिहा मुर्दों की देता है,
हमारे वास्ते लाया है वो शमशीर[1] के टुकड़े।'

तो मेहर साहब सारी समकालीन चश्मक को भूलकर बेतहाशा दाद देने पर मजबूर हो गये। जब नशिस्त के बाद उनके शागिर्दों ने उन्हें वही शेर सुनाकर पूछा कि आपको इसमें कौन सी खूबी नजर आयी जो इतनी दाद दी। मेहर साहब का जवाब था—इस वक्त तो शेर वाक़ई बहुत फ़ुजूल लग रहा है, मगर उस वक़्त कमबख़्त ने इसे ऐसे अंदाज़ में पढ़ा कि मुझे अपनी बीवी की बीमारी याद आ गयी और मैं अपने आपको नहीं रोक सका। इस ज़मीन में मौलाना नातिक का मत्ला था :

'हसीनाने जहाँ हैं हुस्ने-आलमगीर के टुकड़े,
मुरक्के में हैं सारे एक ही तस्वीर के टुकड़े।'

मज़तर और नारायण प्रसाद मेहरवाले मुशायरे के बाद नातिक़ साहब दूसरी बार ग्वालियर तशरीफ लाये थे। पहली बार जब वे आये थे तो उन पर जवानी का ख़ुमार था। इस बार वृद्धावस्था के साथ शेरों सुख़न का ऐतबार था। उनके ऐजाज़ में कई जलसे हुए, स्कूलों और कालिजों में उन्हें आमन्त्रित किया गया। ग्वालियर में उनके संक्षिप्त प्रवास ने अदबी माहौल को गुफ़्तगू के नये विषयों से परिचित कराया था, जो उनके रुख़्सत हो जाने के बाद भी कई दिनों तक दोहराये गये थे।

मुशायरे में उन्हें शकील बदायूंनी के बाद ज़ेहमते-कलाम दी गयी थी। शकील से वे उनके एक फिल्मी नग्में की वजह से नाराज थे। नातिक़ साहिब उसमें उरूज़ी (छंद सम्बन्धी) झोल दिखा रहे थे और शकील "चौदहवीं का चाँद हो या आफ़ताब हो" में छंद दोष की कमी को फिल्मी संगीत की मजबूरी बता रहे थे। बात शुरू हुई थी मुशायरे से पहले और वहीं ख़त्म भी हो गयी थी लेकिन वे उसे अब तक नहीं भूले थे। उन्होंने माइक के सामने बैठते ही अपनी पाटदार आवाज़ में जो पहला शेर पढ़ा था उसका सम्बोधन शकील ही से था :

'आजकल नग़में पर है नातिक़ मदारे शाइरी,
शाइरी पर पहले सुनते थे, मदार नग़मा है।'

श्रोता उनके कटाक्ष को पहचान गये थे। इसलिए मुशायरा पहले शेर से ही दाद और प्रशंसा के शोर से गूँजने लगा और 'शकील' का रूमाल बार-बार पेशानी के पसीने को पोंछ रहा था।

---

1. तलवार।

एक महफिल में उनका कलाम भी सुना जा रहा था और उनसे सवालात भी पूछे जा रहे थे। यह वन मैन शो 'नातिक़' साहब के सम्मान में आयोजित हुआ था। इन सवालात करने वालों में एक साहिब 'हाली' की ज़ुबान में दाग़ के कलाम की समीक्षा कर रहे थे और सवाल पूछ रहे थे । उनका सवाल सुनते ही 'नातिक़' ने भारी भरकम आवाज़ में दरियाफ़्त किया।

'साहिबजादे आपकी उम्र क्या होगी?' उस अनापेक्षित सवाल पर पहले वे कुछ घबराये फिर जवाब में कहा, 'मेरी उम्र तीस साल है, हज़रत! लेकिन उम्र से आपके जवाब का क्या ताल्लुक़ है?'

'है बर्खुरदार है, क्योंकि जब मैं 1904 में हजरत 'दाग़' का शागिर्द हुआ था, उस वक्त मेरी उम्र 18 साल थी और मैं उस वक़्त 'आफ़ताबे दाग़' को कंठस्थ कर चुका था। तब से अब तक उसी को दोहरा रहा हूँ। दाग़ का कलाम आसानी से हर एक को मुँह नहीं लगता। उसका सामीप्य पाने के लिए मेहनत की ज़रूरत होती है अभ्यास की ज़रूरत होती है, ज़ुबान की तहज़ीब से वाक़िफ़ होने की ज़रूरत होती है और मुझे लगता है इन तीनों ज़रूरतों से आप महरूम[1] हैं। दाग़ पर बात करना हो तो पहले उन्हें पढ़िये।

नातिक साहब के कटाक्ष पर सवाल करने वाला झल्लाकर कहने लगा, 'यह महज़ अपने उस्ताद से आपकी अकीदत है। मुझे तो आपके उस्ताद में कोरी बाज़ारियत के सिवा कुछ नज़र नहीं आता।'

'अगर नज़र नहीं आता तो सुनिये आप जिससे बात कर रहे हैं उसकी वंश में बगदाद का रेगिस्तान है, ख़ून में अफ़गानिस्तान है, तहज़ीब में हिन्दुस्तान है और वह 'दाग़' के अखाड़े का अदना[2] पहलवान है। मैंने देवबंद में यूनानी चिकित्सा की तालीम हासिल की है। जो जवानी में दृष्टि खो देते हैं उनका इलाज करना मुझे आता है, समझे साहिबजादे...'

'नातिक़ साहब' के व्यंग्य भरे अंदाज़ से सारी महफिल कहकहा भरने लगी और वो सवाल करने वाला चेहरा लटकाकर बैठ गया और कुछ देर बाद रुख़्सत हो गया। मौलाना नातिक़ की शाइरी की शुरुआत 1900 ई. में दारूलउलूम देवबंद में हुई; जहाँ वे विद्यार्थी थे। उस ज़माने में देवबंद में इंसान के लिए हैवाने नातिक़ (वक्ता) की परिभाषा प्रचलित थी।

इस परिभाषा में नातिक़ का शब्द उन्हें पसन्द आया और उसे उन्होंने तख़ल्लुस के तौर पर इख़्तियार कर लिया। शुरू में 'अतहर हापुड़ी' और मुनीर शिकोहाबादी को

1. वंचित।

2. तुच्छ।

भी कलाम दिखाया लेकिन जब मिर्जा दाग़ के कलाम से परिचित हुए तो ख़त और किताबों के जरिये उन्हीं के हलके में शामिल हो गये।

दाग़ के अन्य शागिर्दों की तरह नातिक़ भी उस्ताद के कलाम की पैरवी के माहिर माने जाते हैं। उनकी ग़ज़लें बयान की सफाई, मुहावरों की रानाई और सादगी और जेबाई के लिहाज़ से दाग़ स्कूल की नुमाइंदगी करती है लेकिन इनमें उनके अपने दर्शन और भाषा सम्बन्धी अनुभवों के रंग भी उजागर हैं और यही जसारतें और विशिष्टताएँ उन्हें दूसरों से अलग करती हैं। ग़ज़ल की रिवायती जुबान में शब्दों के नये बर्ताव उनके सृजन स्वभाव का निशान है। उनकी ग़ज़लों की फिज़ा दाग़ से करीब होते हुए भी दाग़ से अलग है।

'रोना भी बैठकर, कभी होता नहीं नसीब,
गोया हमारे साथ मुहर्रम सफर में है।'
'अपनी रुस्वाई का ग़म था जब हमें वो दिन गये,
अब तो ये ग़म है कि ऐसी फिर न रुस्वाई हुई।'

'जो चीज़ उन्होंने ख़त में लिखी थी नहीं मिली,
ख़त हमको मिल गया है तसल्ली नहीं मिली।'

'ख़्याल आता है उठने-बैठने का चलने-फिरने का,
तुम्हारी याद तस्वीरों का अल्बम होती जाती है।'

मुहर्रम सफ़र में, ख़त मिलने के बाद तसल्ली का न मिलना, तस्वीरों का अल्बम, दाग़ के शाइराना मिज़ाज़ से अलग है। नातिक़ ने दाग़ से भाषा की सफ़ाई ली मगर उसे अपनी चतुराई भी दी, यही उनका नयापन है।

नातिक़ साहब ग़ज़ल की विधा के साथ नज़में भी कहते थे। उनकी नज़मों का संग्रह 'नुत्के नातिक़' के नाम से 1913 में प्रकाशित हुआ था। शाइरी के अलावा उनकी कई नस्री (गद्य की) किताबें भी हैं। इनमें एक लेख संग्रह और 'किन्जुल मतालिब' (दीवाने ग़ालिब की व्याख्या) और कई सियासी और समाजी विषयों पर लिखित लेख शामिल हैं। उनके शागिर्दों में अब्दुल बारी आसी उल्दनी का नाम भी है। ज़िन्दगी के 83 साल पूरे करके 27 मई 1961 से उनकी यादें नागपुर शहर के एक मुस्लिम क़ब्रिस्तान, मोमिनपुरा में अदीबों और शाइरों के लिए प्रेरणा स्थल हैं –

'मुल्के सुख़न हर एहले सुख़न को हुआ नसीब
'नातिक़' मिरे नसीब में ये नागपुर था।'

□

असद भोपाली

खूबसूरत अश्आर और मुतरन्निम लबो-लेहजा का शाइर

"मुम्बई ने उन्हें शोहरत भी दी और मुसीबत भी दी। उनकी शोहरत उनकी ज़हानत और गीतों की मक़बूलियत की वजह से थी और मुसीबत शराब से उनकी रग़बत की वजह से थी।"

असद भोपाली

मुम्बई में 'असद भोपाली' से मेरी पहली मुलाक़ात सड़क किनारे की एक शेरी नशिस्त में हुई थी। कुछ साल पहले बांद्रा में लिंकिंग रोड पर मौजूदा टेलीफोन एक्सचेंज के सामने की फुटपाथ पर एक ईरानी होटल था—फेयरडील। होटल के बाहर एक बड़ा सा चबूतरा था। उसके बायें कोने में बड़े तामझाम की शंभू महाराज की पान की दुकान थी। शंभू लखनऊ के करीब किसी गाँव के थे। मुम्बई में आये उन्हें कई बरस हो गये थे लेकिन उनके लिबास, अदब-आदाब और गिलौरियों की बनावट उनको पेश करने के अंदाज़ और दुकान की सजावट में 'मज़ाज लखनवी' का शहरे निगारां अब भी झाँकता नजर आता था। वो उर्दू शाइरी के उस हुनर के मारे हुए थे, जो मुशायरों में पढ़ी जाती है और गली कूचों में कव्वालियों में सुनी जाती है। उन्हें ऐसे बहुत से शेर याद थे जिन्हें वे जब पान लगाने से मोहलत पाते थे तो कभी तरन्नुम में कभी तहत में सुनाते थे। और इर्द-गिर्द खड़े लोगों को लुभाते थे।

'देखकर जब उसने चिलमन डाल दी,
देखने वालों ने गर्दन डाल दी।'
'मिरे माशूक के बस दो पते हैं,
कमर पतली, सुराहीदार गर्दन।'
'सनम सुनते हैं तेरी भी कमर है,
कहाँ है, किस तरफ़ है और किधर है?'

शेर सुनाने के साथ उनका एक और भी शौक़ था। वे हर शाम एक मिस्रा सोचकर आते थे। जिस पर वो खुद भी तबअ-आज़माई फ़रमाते थे और दूसरों से भी मिस्रे लगवाते थे। जब तक उनके मेआर के मुताबिक गिरह का मिस्रा चुस्त और दुरुस्त

नहीं लगता था, वे शाइरों से लगातार ज़ेहनी कसरत करवाते थे। उनकी दुकान के इर्द-गिर्द अक्सर उन शाइरों का जमाव होता था, जो फिल्मों में गीत लिख रहे थे या लिखने के लिए कोशिश कर रहे थे। एक शाम का मिसरा इस तरह था :

'ज़माना बड़े चैन से सो रहा है'

एक साहिब ने फौरन अपनी जूदगोई[1] का कमाल दिखाया और इस पर मिस्रा लगाया :

'ज़माना बड़े चैन से सो रहा है,
जो होता था पहले वही हो रहा है।'

दूसरे ने मत्ले में इस तरह गिरह लगाई :

'ज़माना बड़े चैन से सो रहा है,
जो तन्हा है बेघर है वो रो रहा है।'

मिस्रे पर मिस्रे लग रहे थे मगर शंभू बार-बार गर्दन हिलाकर अपनी नापसन्दगी का इज़हार करते रहे। इतने में सबसे अलग-थलग खड़े एक बुज़ुर्ग के पान भरे मुँह से आवाज़ आई :

'ज़माना बड़े चैन से सो रहा है,
तेरी माँ को.... ये क्या हो रहा है।'

मिस्रा अश्लील खाली जगह पर जो गाली थी उसके बावजूद था मगर रवाँ दवाँ था। शंभू जो पहले बार-बार इनकार में गर्दन हिला रहा था, वह मिस्रा सुनते ही क़हक़हा लगा रहा था। वाह हुज़ूर जैसी तरह उस्तादाना वैसी ही गिरह शाइराना। बस यहीं पर नशिस्त का अंत किया जाता है, और सब के लिए चाय का इन्तज़ाम किया जाता है।

नियमानुसार हर नशिस्त के आख़िरी जुम्ले, शंभू महाराज के होते थे और बाद में चाय और पान से आवभगत उन्हीं के सर होती थी। मुम्बई में बांद्रा के एक कोने में बसा यह छोटा सा लखनऊ कई बरस हुए चिता बनकर जल चुका है मगर उसकी याद उस्तादाना मिस्रे में शाइराना गिरह की सूरत में आज भी मेरे ज़हन में महफ़ूज़ है। इस मिस्रे के शाइर का नाम 'असद भोपाली' था। यह मुम्बई में मेरी उनसे पहली मुलाकात थी। असद साहब रहते कहीं और थे लेकिन शाम होते ही वे बांद्रा में अलग-अलग वक़्त पर तीन ठिकानों पर नज़र आते थे। जांनिसार अख्तर की तरह वे भी हाथघड़ी से वक्त को नहीं बाँटते थे लेकिन हर ठिकाने पर उनकी आमद और रुख़्सत का वक़्त हर रोज की तरह तय होता था। इस तयशुदा वक़्त में थोड़ी भी कमी-बेशी नहीं होती थी। उनका पहला पड़ाव बांद्रा स्टेशन से चंद कदम के फासले पर लक्की होटल के कार्नर पर

1. शीघ्र काव्य-रचना करना

एक इत्र की दुकान था। जहाँ वे एक स्टूल पर बैठकर किसी फिल्मी गीत का नज़ारा फरमाते थे। चाय पीकर एक-दो पान खाते थे। जब वक़्त पूरा हो जाता था तो इत्र वाले से अपनी पसन्द के इत्र की काड़ी बनवाते थे और दूसरे ठिकाने की तरफ रुख़्सत हो जाते थे। उनकी शाम की दूसरी मंजिल फेयरडील के बाहर शंभू महाराज की दुकान थी। वहाँ की नशिस्त ख़त्म करके वे ख़ार की एक गली में देसी शराब के अड्डे में दाखिल होते थे।

इस अड्डे का मालिक काले रंग का लम्बा-चौड़ा गवानीज ईसाई था। इस शराबख़ाने में असद साहब की वजह से और भी हममज़ाक लोगों का मज़मा होता था। 'असद' साहब अपनी उम्र और फिल्मी गीतों की लोकप्रियता के कारण अड्डे पर आने वाले स्ट्रगलर शाइरों की महफिलों के सद्र (अध्यक्ष) होते थे। वे उनके मुखड़े और गीत सुनते थे और जुबानो-बयान भी दुरुस्त करते थे। अड्डे के ईसाई मालिक ने असद साहब की मेज पर रोज के शोर को सुनकर एक पट्टे पर 'कव्वाली इज नॉट अलाउड' लिखकर दीवार पर लटका दिया था। उसकी नज़र में शाइरी और कव्वाली दोनों एक ही चीज़ थी, लेकिन असद साहब और उनके मुरीद हर रोज इस कानूनसाजी को अपनी मुशायरेबाजी से तोड़-फोड़ देते थे। असद साहब की एक ग़ज़ल के शेर हैं :

'जहाँ भी दिल ने कोई हमसफ़र तलाश किया,
जो मुझको ज़हर दे वो चारागर तलाश किया।'
'तमाम उम्र कहीं चैन से न बैठ सके,
तमाम उम्र तिरा संगे दर तलाश किया।'

असद भोपाली 10 जुलाई, 1931 ई. में अपने दौर के एक आलिम[1] मौलवी मुहम्मद खाँ के फर्ज़न्द मुंशी अहमद खाँ के घर में पैदा हुए। विरासत की ज़हानत के साथ उन्होंने अपनी मेहनत से सादिया और जहाँगीरिया स्कूलों और बाद में ऑरियण्टल कॉलिज में तालीम हासिल की लेकिन वालिद की बेवक़्त मौत ने घर के माहौल को बदल दिया और माली उलझनों की वजह से आगे की तालीम का सिलसिला ख़त्म हो गया। उनके अदबी जौक़ की शुरुआत कालिज में बैतबाज़ी[2] के उन मुकाबलों से हुई, जिनमें वे दूसरों के अश्आर खूबसूरत मुतरन्निम अन्दाज़ में सुनाते थे और हर बार ट्राफी जीत कर लाते थे। एक बार ऐसे ही एक मुकाबले में किसी ने नूह नारवी का शेर जो सिर्फ 'अेन'[3] से शुरू होता है सुनाया और हर्फ 'ड़' पर असद को उलझा दिया। नूह साहब का शेर था।

1. विद्वान।
2. एक इल्मी मशग़ल जिसमें अत्यांक्षरी की तरह एक शेर के अंतिम अक्षर पर दूसरा शेर पढ़ा जाता है।
3. उर्दू वर्णमाला का एक अक्षर।

'इश्क के वास्ते है दिल की आड़,
कोई देखे ये तिल की ओट पहाड़।'

असद खामोश थे। मुक़ाबला मुख़ालिफ़ पार्टी के हाथ में जाने ही वाला था, दो घंटियों के बाद तीसरी घंटी बजने ही वाली थी कि अचानक उनकी मुतरन्निम आवाज़ गूँजी। वे फिलबदीह एक शेर सुना रहे थे :

'ड़े' गर न हो तो हो न फसानों में मारधाड़,
ये हर्फ़ वो है तिल को बनाता है जो पहाड़।'

सारा हाल तालियों से गूँज उठा और पहले की तरह इस बार भी वह और उनकी टीम ही ईनाम की हक़दार हुई। यहीं से उनकी शेरगोई की शुरुआत हुई और वो असदुल्ला खाँ से असद भोपाली बन गये। शेरी भोपाली ने उस दौर के असद के बारे में जो राय दी थी। वह यूँ है :

'उनके मुतरन्निम लबो-लहज़े, रवाँ-दवाँ बहरों के चयन के अलावा जल्दी कहने की ईश्वर प्रदत्त सलाहियत ने मुझे इतना प्रभावित किया कि एक दिन मैं उसे लेकर अपने उस्तादे मोहतरम के हुज़ूर जा पहुँचा जहाँ उसने 'ज़की वारसी' को उस्ताद बनाया और एक विश्वसनीय शाइर का स्थान प्राप्त किया।'

भोपाल में तरक्कीपसंद संस्था के लेखकों का बाकायदा कयाम 1944 ई. में अमल में आया। शहर के अन्य नौजवान शाइरों की तरह 'असद' भी उससे जुड़ गये लेकिन उनकी तरक्कीपसंदी में फ़ैशन का दख़ल ज़्यादा था। उसके विचार एवं दर्शन तक उनकी पहुँच सुनी-सुनाई की शनासाई जैसी थी जिसकी वजह से उनकी नज़्मों और ग़ज़लों में जहाँ-जहाँ इस फ़ैशन के असर आये हैं, उनके अल्फाज़ सिर्फ शोर मचाते हैं या सुर्ख़ परचम उठाते हैं। उनमें शेरीयत (काव्यात्मकता) नहीं होती :

'सुर्ख़ परचम हाथ में लेकर बढ़ो दीवानावार,
हिन्द से यकसर मिटा दो ग़ैर मुल्की इक़्तिदार[1]।'

'जो तुम्हारा हक़ दबायें तुम कुचल दो उनका सर,
रात की तारीकियों में क्यूं डरे नूरे सहर।'

'सरज़मीने हिन्द में मज़ालूम[2] इंसानों उठो,
मेरी दुनिया के कयामतखेज तूफानों उठो।'

अक़ीदा हो या नज़रिया जब तक रगो-पै में नहीं उतरता, रचनात्मकता में नहीं सँवरता। 'फैज' की शाइरी, 'अनीस' के मर्सिये या 'मिल्टन' की फ़िरदौसे गुमशुदा

1. विदेशी शासन।

2. जिस पर ज़ुल्म हुआ हो।

अदब की तारीख़ में फ़न और नज़रिये के रचनात्मक और कलात्मकता की ज़िन्दा मिसालें हैं। 'असद भोपाली' मिज़ाजन रूमानी और ग़ज़ल की उस रिवायत के शाइर थे जो महफिलों में सुनाई जाती है और अवाम में सराही जाती है। उनके यहाँ अल्फ़ाज ख़ुशआहंग और मानूस रंग लिये हुए होते हैं। वे भी मुशायरों के बेशतर शाइरों की तरह ख़ुदादाद सलाहियत पर भरोसा करते थे और अध्ययन को शाइरी के लिए ख़ुराफात समझते थे और बार-बार दोहराई बातों को अपनी कायनात समझते थे। वो पढ़ने वालों से ज़्यादा सुनने वालों का ख़्याल रखते थे :

'रातें तुम्हारी ज़ुल्फों जैसी उलझी-उलझी काली काली,
दिन हैं हमारी आँखों जैसे वीरां-वीरां खाली खाली।'

'मिरा सलामे तमन्ना कुबूल कर लीजे,
गरीब दिल का ये तोहफ़ा कुबूल कर लीजे।'

'जवानी आपसे तन्हा सँभल नहीं सकती,
मिरी नज़र का सहारा कुबूल कर लीजे।'

'कभी देख ले मुझे भी ऐ अदा-ए-मेहरबानी,
तिरी इक नज़र के सदके मिरी सारी ज़िन्दगानी।'

'असद भोपाली' अपनी ख़ुशआवाज़ी की वजह से मुशायरों के कामयाब शाइर थे। उनका तरन्नुम 'मजरूह सुल्तानपुरी' की हुस्नकारी और 'जिगर' की लयकारी के मिलन का हुस्न लिये हुए था। सीधा, साफ़ और सुरीला। उसमें सुर-ताल की जानकारी और शाइराना आवाज़ की फनकारी शामिल थी।

चूड़ीदार पाजामा, पूरे बटन से खुली शेरवानी और सफेद मलमल के कलफ लगे और पानदान की डिब्बियों से चुन्नटों भरी आस्तीनों वाले कुर्ते के पहनावे में जब वो माइक के सामने बैठकर आँखें बन्द किये आवाज़ में तल्लीनता के अंदाज़ को शामिल करके कलाम सुनाते थे तो श्रोता दाद और वाह-वाह से फरशोर हो जाते थे। भोपाल में 'असद' साहिब 'शेरी भोपाली' और 'कैफ़ भोपाली' के बाद के उन शाइरों में थे जो मधुर कंठ से ग़ज़ल को सँवारते थे और मुशायरों के माहौल को निखारते थे। फिल्म इंडस्ट्री के बंद दरवाज़े को भी उन्होंने अपने मधुर गायन से ही खोला था। 'शेरी' फिल्म 'जुगनू' में सिर्फ एक ग़ज़ल 'जहाँ वो हों वहीं ऐ चाँद ले जा चाँदनी अपनी' लिखकर खामोश हो गये।

'कैफ़' ने कमाल अमरोहवी के साथ पाँच-सात गीतों तक ही सफ़र किया लेकिन 'असद भोपाली' ने 'हँसता हुआ नूरानी चेहरा' से आखिरी गीत 'कबूतर जा जा' तक फिल्मी गीत लिखने में अपने चालीस साल खपाये थे। और कई फिल्मों में अपने गीत

लेखन के जादू जगाये थे। उनकी पहली फिल्म 'दुनिया' थी जो फज़ली ब्रादर्स बना रहे थे। इस फिल्म में दो गाने लिखकर 'आरजू लखनवी' पाकिस्तान प्रवास कर गये थे। नये गीतकार के चयन के लिए भोपाल टाकीज के मालिक और फिल्म डिस्ट्रीब्यूटर सुगमचंद कापड़ा ने एक मुशायरा इस ऐलान के साथ आयोजित किया कि जो सबसे ज़्यादा कामयाब होगा वह फिल्म 'दुनिया' में बाकी के गीत लिखेगा। मुशायरा हुआ और बेतबाजी के मुकाबले की तरह इस बार भी बाजी 'असद भोपाली' के तरन्नुम और मुतरन्निम ग़ज़्ल के हिस्से में आयी।

उनकी ग़ज़ल पर श्रोताओं ने जी खोलकर दाद दी और ऐलान के मुताबिक उन्हें मुम्बई बुलाया गया। मुम्बई ने उन्हें शोहरत भी दी और मुसीबत भी दी। उनकी शोहरत उनकी ज़हानत और गीतों की भक़बूलियत की वजह से थी और मुसीबत शराब से उनकी रंग़बत की वजह से थी। उन्होंने जो कमाया, वह शराब और शबाब में लुटाया। न बच्चों को ढंग से पढ़ाया लिखाया न मुम्बई में अपना घर बनवाया। उनकी इन्हीं कमज़ोरियों की वजह से संगीतकार जब उनसे कतराने लगे थे तो वे मजबूरन परिचितों और अपने प्रशंसकों के सामने हाथ फैलाने लगे थे। उनके एक दोस्त 'अज़ीज अख़्तर' ने उनके बारे में लिखा है :

'फिल्मी दुनिया में जहाँ उन्हें आला सोसाइटी में उच्च स्थान दिया, वहाँ शराब और शबाबपरस्ती की सौगात भी बख्शी जो उनकी ज़िन्दगी का नासूर बन गयी'।

यह नासूर उनकी ज़िन्दगी तक भर नहीं सका। ज़िन्दगी की तरह असद भोपाली की शाइरी भी उनकी बेएतिदाली (असंतुलन) का शिकार रही । उन्होंने ज़िन्दगी में न कोई बयाज़ रखी न कोई मज्मूआ (संकलन) शाए करवाया। उनकी मौत के बाद उर्दू अकादमी भोपाल ने उनके बिखरे हुए कलाम को एक जगह करके 'रोशनी, धूप, चाँदनी' के नाम से छापा था।

'असद' मुम्बई में बीमार होकर सेहतयाब होने के लिए भोपाल गये थे लेकिन वो अपनी आख़िरी फिल्म के गीत 'कबूतर जा जा' की कामयाबी के जरिये फिर से इंडस्ट्री में अपना सिक्का जमाने वापस नहीं आ सके। 09 जून, 1990 की शाम उनकी आख़िरी शाम थी।

'असद' को तुम नहीं पहचानते तआज्जुब है,
उसे तो शहर का हर शख़्स जानता होगा।'

□

शमीम फरहत

शानदार शेरी मुस्तक़बिल की बशारत

"शराब और 'शमीम फरहत' एक दूसरे की ज़रूरत हो गये। कभी तांगे में कमीज़ के सारे बटन खोले दिखाई देते, कभी बीच रस्ते में नशे में किसी साहित्यिक विषय पर उलझते नज़र आते।"

शमीम फरहत

मैं कौन हूँ ? क्या है मेरी वल्दीयत? बताइये! कौन है मेरा बाप?

यह सवाल तीस-पैंतीस साल पहले, एक सर्द रात को गुस्से भरी एक जवान आवाज़ में ग्वालियर के एक मुहल्ले के घर में सुने थे। जब से अब तक मेरी याददाश्त में महफ़ूज़ हैं। जब भी यह ज़ेहन के निहा खानों से बाहर आते हैं तो कम्प्यूटर की तरह एक पूरी फाइल खुल जाती है। एक रोती हुई बूढ़ी माँ नशे में सराबोर एक नौजवान और मास्टर रियाज़ और दुआ डबाइयूवी की शाइरी का ग्वालियर। लम्बे पूरे क़द और खिलते हुए रंग की फ़ातिमा ज़ुबैर। उनकी बड़ी-बड़ी आँखों से झाँकते हुए कई क़िस्से। इन किस्सों में रूमान और हैजान। सिंधिया दरबार से जुड़े हुए गायक-गायिकाएँ और रात को देर-देर तक जागने वाली रोशन रातें। रस्तों-चौराहों पर मुसलसल बातें, अँधेरी गलियों की मुलाक़ातें।

लेकिन शराब पिये हुए गुस्साई आवाज़ में इन सवालों का सम्बोधन अधेड़ उम्र की एक महिला फ़ातिमा ज़ुबैर से था। वह एक स्थानीय गर्ल्स स्कूल में उर्दू की टीचर थीं। इस स्कूल का नाम जीवाजी राव सिंधिया की बहन कमला राजा के नाम पर 'कमला राजा गर्ल्स स्कूल' था और इस सवाल को पूछने वाला एक नौजवान शाइर था। उम्र उन्नीस-बीस की, खड़े नक्शे का गोरा-चिट्टा, मजबूत हाथ पाँव का खूबसूरत मर्द उसका नाम 'शमीम फ़रहत' था। फ़ातिमा ज़ुबैर, जिनको शहर में सब फ़ातिमा आपा कहते थे, इस जवान शाइर की वालिदा थीं। बड़ी-बड़ी संज़ीदा आँखें, खड़ा, ईरानी नक्शा, गेहुआँ रंग और घुँघराले बालों और सर्व क़द[1] की इस ख़ातून (महिला) की वंशावली में तीसरी नस्ल पीछे ग़ालिब और जौक़ के समकालीन मोमिन ख़ाँ मोमिन का नाम दर्ज था।

1. सर्व (एक प्रसिद्ध पेड़ जो सीधा एवं सुन्दर होता है) के जैसा क़द।

निहायत आज़ाद मिज़ाज़ और ग्वालियर के अदबी समाज की एक सक्रिय और बाशऊर शख़्सियत थीं। खुद तो शाइरा या अदीबा नहीं थी लेकिन उनका अदबी जौक़ और मुतालिआ ऐसा था कि शहर के छोटे-बड़े शाइर और अदीब उनकी तारीफ़ और समीक्षा को प्रामाणिक मानते थे। बड़ी शगुफ़्ता और मुहावरेदार उर्दू बोलती थी। स्कूल में उस्तानी थी इसलिए हर मसले को दलील के साथ ठहर-ठहरकर सुलझाती थी। वो जिसके कलाम पर गर्दन हिला देती थीं, उसे दूसरी नज़रों में विश्वसनीय बना देती थी। वह दो बेटों और दो बेटियों की जिम्मेदार माँ थी। मैंने जब देखा था उन दिनों वह अपने घर की माँ और बाप दोनों थी। बेटियाँ हनीफ़ा और अफ़ीफा पढ़-लिखकर अपने घरों की हो गयी थीं। दोनों बेटे नौजवान शाइर थे। बड़े का नाम 'निसार परवेज़' और छोटे को 'शमीम फ़रहत' के नाम से जाना जाता था। 'शमीम फ़रहत' मेरे दोस्त थे। वे उम्र में मुझसे थोड़े बड़े थे लेकिन शहर में वो अकेले शाइर थे जो मेरे मिज़ाज़ के करीब थे। दिन में एक दो-बार उनसे ज़रूर मुलाक़ात होती है। गोरा रंग, हर वक्त हँसता मुस्कुराता चेहरा और ज़हानत से चमकती आँखों का यह शाइर जहाँ भी जाता था लोगों के आकर्षण का केन्द्र बन जाता था। उस ज़माने में एक बड़े घर की एक खूबसूरत लड़की से उसके चोरी छुपे इश्क के चर्चे भी लोगों की ज़ुबान पर थे। ये इश्क एक तरफा था।

शहर में फ़ातिमा आपा ज़ुबैर अहमद नामी एक शख़्स की बीवी थी लेकिन वह जां निसार अख्तर की दोस्ती से ज़्यादा मशहूर थी।

उसका जिक्र सफिया अख़्तर[1] के उन ख़तों में आया है, जो उन्होंने शादी से पहले अपने होने वाले शौहर 'जां निसार' को लिखे थे। सफिया के शादी से पहले और बाद के ख़तों को जां निसार ने दो ज़िल्दों में शाए किया था। 'हर्फ आश्ना' और 'जेरे लब' के नाम से। ख़तों के ये संग्रह, एक जीवनी के समान हैं। सफिया अख़्तर एक समीक्षा की किताब की लेखिका, अलीगढ़ के जमाने से जां निसार की महबूबा और बाद में उनकी बीवी थी। इनमें विभिन्न चरित्रों के माध्यम से बीसवीं सदी के एक बड़े हिस्से को समाहित किया गया है। इसमें केन्द्रीय पात्र तो सफिया और जां निसार ही थे लेकिन इनके इर्द-गिर्द जो दूसरे छोटे-बड़े पात्र और घटनाएँ हैं वे भी कम अहम नहीं है। फ़ातिमा आपा भी इन्हीं बहुतों में से एक दिलचस्प किरदार हैं। इन संग्रहों को और दिलचस्प बनाने के लिए इनमें जो परिचायात्मक भूमिकाएँ शामिल की गयी हैं उन्हें भी फ़ातिमा ज़ुबेर से सम्बद्ध किया गया है। फ़ातिमा आपा की वंशावली में शामिल मोमिन खाँ मोमिन का शेर है :

---

1. जां निसार अख़्तर की पत्नी और मजाज़ लखनवी की बहन—इनके ख़त जां निसार की दो पुस्तकों में प्रकाशित हो चुके हैं।

'ले शबे-वस्ले-ग़ैर भी काटी,
तू मुझे आजमायेगा कब तक?'

साफ़िया अख़्तर को फ़ातिमा जुबैर और जां निसार के रिश्ते का इल्म शादी से पहले भी था और शादी के बाद भी उन्होंने इसे एक आपसी समझौते के तहत कुबूल कर लिया था। जां निसार के वालिद मुज़तर खैराबादी का एक मशहूर शेर है।

'तुम्हें चाहूँ तुम्हारे चाहने वालों को भी चाहूँ,
मिरा दिल फेर दो मुझसे ये सौदा हो नहीं सकता।'

'मुज़तर' साहिब मर्द थे और सफिया अख़्तर औरत। बहू में ससुर जैसी जसारत कैसे मुम्किन थी। इसलिए उन्होंने जब जां निसार को चाहा तो उनके चाहने वालों को भी खंदापेशानी से सराहा। ख़तों के इन दोनों संग्रहों में मोहब्बत के इस त्रिकोण रिश्तों के निशान प्रकट हैं।

मैंने जुबैर साहिब को नहीं देखा वो मेरे होश सँभालने से पहले शहर छोड़कर जा चुके थे। ग्वालियर के बुजुर्गों की जुबानी सुना है। वे सीधे-सादे अमली आदमी थे। अपने घर, बच्चों और नौकरी तक उनकी दुनिया सीमित थी। न वे फ़ातिमा आपा की तरह साहित्यिक अभिरुचि रखते थे, न उनकी तरह महफ़िलों में आने-जाने का शौक़ पालते थे। जब उन्हें जाँ निसार से फ़ातिमा आपा की ख़ुफिया मुलाक़ातों का इल्म हुआ तो एक दिन अचानक बीवी को अता-पता दिये बग़ैर गायब हो गये। बहुत तलाश किया मगर कोई सुराग नहीं मिला।

कुछ दिन बाद घरवाले सब्र करके खामोश हो गये। शहर वालों ने उनकी यादों पर फातिहा पढ़ ली। काफी अर्सा गुज़र जाने के बाद जब फ़ातिमा आपा जवान से बूढ़ी हो चुकी थीं। 'जां निसार' ग्वालियर छोड़कर भोपाल में बस चुके थे।

फ़ातिमा की दोनों बेटियाँ बड़ी होकर अपने घरों की हो चुकी थीं और लड़के जवान होकर शायर बन चुके थे तो वो अपनी खुदसख़्ता[1] मौत के अँधेरों से बाहर आकर अपनी बड़ी बेटी अफ़ीफ़ा के यहाँ जावरा में खुदासाज़ मौत के हवाले होने चले आये और हमेशा के लिए अपनी रक़ाबत की नाराज़गी को अपने साथ लेकर रुख़्सत हो गये। फ़ातिमा जुबैर ने उनके नाम पर हाथों की चूड़ियाँ तोड़ीं और इद्दत[2] के दिन पूरे किये। मेरा एक शेर है:

'बेवफा तो न वो थे न हम,
यूँ हुआ बस जुदा हो गये।'

1. मनगढ़ंत।
2. मुसलमानों में पति के मरने या तलाक़ के बाद का वह समय जिसमें वह पुनर्विवाह नहीं कर सकती, यह समय एक सौ दिन का होता है।

'जावेद अख़्तर' और 'सलमान अख़्तर' की तरह 'निसार परवेज़' भी सफिया के ख़तों के मज्मूओं में एक किरदार हैं। वो इन किताबों में कई जगह चलते-फिरते नज़र आते हैं। कहीं पढ़ाई से लापरवाही के संदर्भ में कहीं 'फ़ातिमा ज़ुबैर' और 'जां निसार' के रिश्ते के तहत और कहीं किसी अदबी महफिल की रिपोर्ट में। 'निसार परवेज़' की शुरुआती तालीम अलीगढ़ में हुई थी। उसके बाद सन सैंतालीस के बाद सफिया और जां निसार के साथ भोपाल में रहे।

'निसार परवेज़' अपनी चाल-ढाल और रूप-रंग से जवानी के दिनों के 'जां निसार' से मिलते-जुलते थे। वही आधी सोई-आधी जागी आँखें, वही दरमियानी कद और बिखरे-बिखरे बाल, वही हँसते होंठों के खुलने और सिमटने का अंदाज़। शेर सुनाते वक्त भी उन पर अख़्तर साहिब का धोखा होता था। उन्हें देखकर पंजाबी की लेखिका 'अमृता प्रीतम' की एक किताब 'रसीदी टिकट' याद आ जाती थी।

'अमृता प्रीतम' ने अपनी जीवनी में एक जगह लिखा है। जब उनके लड़के ने उनसे पूछा कि उसका चेहरा 'साहिर' से इतना क्यों मिलता है? क्या वही उसके बाप हैं? तो 'अमृता' जी ने जवाबन कहा, नहीं यह सच नहीं है। तुम्हारी शक्ल 'साहिर' से शायद इसलिए मिलती है कि जब तुम मेरे पेट में थे तो उस वक़्त 'साहिर' मेरे दिमाग में रहता था।

'शमीम फरहत' की शक्ल तो निसार परवेज़ की तरह 'अख़्तर' साहिब से नहीं मिलती थी। उनकी शारीरिक बनावट और चेहरा-मोहरा फातिमा आपा जैसा था। अपने भाई की तरह वो सफिया अख़्तर के ख़तों में भी कहीं नहीं थे। मगर 'जां निसार' से उनका ताल्लुक पसन्द और नापसन्द की कशमकश का शिकार था। वो होश में 'जां निसार' के प्रशंसकों में थे। उनकी शाइरी के धीमे रूमानी और तस्वीरी लहज़े से प्रभावित भी थे। कोई 'जां निसार' की शाइरी पर उँगली उठाता था तो आपे से बाहर हो जाते थे अपने हवालों और दलीलों से उनकी शाइरी और तरक्की पसन्दी पर प्रशंसात्मक समीक्षाएँ करते। इतने पर भी अगर कोई कायल नहीं होता तो उसे कायल करने के लिए तन्दुरुस्त हाथ-पाँव की ताक़त आज़माते। शहर में उनकी कई लड़ाइयों की वजह 'जां निसार' थे। अगर कोई ताक़त आज़माने से भी बाज़ नहीं आता था तो वो उसे अपने परिचितों की सूची से निकाल देते थे।

लेकिन सूरज डूबने के बाद उनका व्यक्तित्व जैसे बदल जाता था। दिन के उजालों के प्रशंसित पात्र को रात में वे अपने चुभते हुए सवालों का निशाना बनाते थे। उन पर तरह-तरह के इल्ज़ाम लगाते थे और अपनी माँ को रुलाते थे। ये ड्रामा वो हफ़्ते में दो-तीन बार ज़रूर करते थे। इस ड्रामे को स्टेज करते वक़्त वे अपने पराये का भी ख़्याल नहीं करते थे।

उनका मकसद सिर्फ माँ को सताना होता था या खुद को बहलाना होता था। ग्वालियर आने से पहले वो जावरा (मौजूदा मध्यप्रदेश का इलाका और आजादी से

पहले की एक नवाबी रियासत) में अपनी बड़ी बहन के साथ थे। वहीं से उन्होंने बी.ए. की डिग्री हासिल की थी। खिलता हुआ रंग, चौड़ा सीना, गिलाफी आँखें और ऊँचे पूरे कद के इस शाइर का परिचय उसके शहर में आने से पहले माहनामा 'जमालिस्ताने देहली' और 'शम्अ' में प्रकाशित उनकी नज़्मों और ग़ज़लों से हो चुका था। फिल्मी पत्रिकाएँ हों या साहित्यिक उस ज़माने में शाए होना आज की तरह आसान नहीं था। पत्रिकाओं से ही साहित्यिक मापदंड तय होते थे। 'शमीम फ़रहत' की एक ग़ज़ल के शेर हैं, जो उन दिनों जमालिस्तान में नुमायाँ तौर पर शाए हुए थे :

'तुम्हारी याद की ठंडक भिगो रही थी अभी,
नदी के पास कहीं शाम हो रही थी अभी।'
'वो ज़िन्दगी जिसे समझा था कहकहा सबने,
हमारे पास खड़ी थी तो रो रही थी अभी।'
'खनक रहा था कोई जिस्म मेरे लफ़्ज़ों में,
तुम्हारे नाम की तारीफ़ हो रही थी अभी।'

ग्वालियर में उनकी आमद उन दिनों के मुक़ामी शाइरों के लिए एक अहम अदबी वाकिआ था। 'शमीम' के शेर पढ़ने का अन्दाज़ काफ़ी असरदार था। तहत में पढ़ते थे लेकिन शेर को मुनासिब जगहों पर रोकते हुए आवाज़ के उतार-चढ़ाव से कैफ़ियत पैदा करते थे। आवाज़ रोबदार और सधी हुई थी, जिस नशिस्त या मुशायरे में शामिल होते श्रोताओं को अपनी गिरफ़्त में ले लेते थे। कभी जिस्मानी सौन्दर्य से, कभी अदायगी की वैयक्तिक विशिष्टता से। शराब का शौक़ जावरा से लेकर आये थे। उनकी शराबनोशी ने उन्हें उन दिनों हमउम्रों का हीरो बना दिया था। उन दिनों खुलेआम शराब पीना रस्म और रिवाज़ के खिलाफ़ वाद-विवाद का प्रतीक था, जो नये ज़ेहनों को भाता था।

वक़्त के साथ जब शराब में धीरे-धीरे इजाफ़ा होता रहा और फिर जल्दी ही वह वक़्त भी आया जब शराब और 'शमीम फरहत' एक दूसरे की ज़रूरत हो गये। कभी तांगे में कमीज़ के सारे बटन खोले दिखाई देते, कभी बीच रस्ते में नशे में किसी साहित्यिक विषय पर उलझते नज़र आते। इस शराब में दूसरों को अपनी ओर आकर्षित करने की अदा ज़्यादा थी। फ़ातिमा आपा की ज़िन्दगी तक जो शराब सूरज के डूबने पर ही उदय होती थी उनके देहान्त के बाद अब चाँद-सूरज के फर्क को भूल चुकी थी। फ़ातिमा आपा की बीमारी के दिनों में कुछ दिन इस लत में सन्तुलन पैदा हो गया था, लेकिन उनकी मौत के बाद जब वो उन्हीं के स्कूल में उन्हीं की जगह पर टीचर हो गये थे, तब स्कूल के समय को छोड़कर वो बाकी का वक़्त इसी शगल

के लिए समर्पित कर चुके थे। माँ की मौत के बाद हालाँकि बड़ा भाई 'निसार परवेज़' उसी शहर में था लेकिन वे उसके साथ न रह कर शहर से दूर एक मकान में अकेले रहने लगे थे। वहीं यार दोस्तों की महफिलें सजाते थे। दूसरों के कलाम पर संशोधन करते थे। झूम-झूमकर अपने नये शेर सुनाते थे और देर तक आस-पड़ोस की नींदें उड़ाते थे।

'सज्ज़ाद जहीर' कम्युनिस्ट पार्टी के हफ्तावार अवामी दौरे में, नुमायाँ तौर पर उन्हें छापते थे। यह उन दिनों बड़ी अहमियत की बात थी। इसके अलावा अन्य विश्वसनीय पत्रिकाओं में भी उनका क़लाम छपता रहता था लेकिन न कभी बयाज़ रखी न पत्रिकाओं के तराशे (कटिंग) सुरक्षित हुए और न उनकी ज़िन्दगी में कोई संग्रह प्रकाशित हुआ। पैदाइश का साल 1934 था ज़िन्दगी के 51 साल पूरे करके 1985 में 9 अगस्त की एक रात की जब सुबह हुई और जब सुबह दोपहर और बाद में शाम में तब्दील हुई तो घर में मरे हुए पाये गये। उनकी मौत के बाद उनके एक दोस्त रामप्रकाश त्रिपाठी ने अपनी याददाश्त और घर में मिले कुछ कागज़ों के फर्जों से उनका एक संक्षिप्त संग्रह देवनागरी में 'दिन भर की धूप' के नाम से प्रकाशित किया था। इसमें 39 ग़ज़लें और सोलह नज़्में शामिल हैं। इस संग्रह का नाम उन्हीं के एक मत्ले से लिया गया है :

'वो आदमी है रंग का, खुश्बू का, धूप का,
कैसे मुकाबला करे दिन भर की धूप का।'

'नियाज फ़तेहपुरी' ने एक बार माहनामा 'निगार' में एक तरह देकर कई शाइरों की ग़ज़लें छापी थीं। उनमें 'शमीम फ़रहत' के भी दो शेर शामिल किये गये थे।

'गुलशन की हद बाँधने वाले क्या नादानी करते हैं,
रूत के बदलते ही हरियाली जंगल तक आ जाती है ।'
'सिर्फ ज़रा सी भूल से 'फ़रहत' चूल्हे की इक चिंगारी,
आँगन तक आये न आये आँचल तक आ जाती है।'

'नियाज फतेहपुरी' के कड़े चयन में उनके दो शेरों का शामिल होना, उनके शानदार शेरी-मुस्तक़बिल[1] की बशारत[2] थी लेकिन इस बशारत के मुकम्मल होने से पहले उन्होंने अपने आपको हमेशा के लिए सुला दिया। 'शमीम फ़रहत' एक ज़हीन शाइर थे, लेकिन उनकी ज़हानत को उन्हीं की मनोविज्ञान पेचीदगी ने पनपने नहीं दिया। उनके कलाम का थोड़ा ही हिस्सा देवनागरी में प्रकाशित हुआ। इसके अलावा भी उनका कहा हुआ बहुत कुछ था; जो अब तक अँधेरे में है।

1. भविष्य।
2. खुशख़बरी।

राज़ इलाहाबादी

मुशायरों का मक़बूल आम शाइर

"खनकती हुई तेज़ तीखी आवाज़ लफ़्ज़ों को घुँघरुओं की तरह एक-दूसरे में पिरोती हुई, जब मिसरे के अन्त तक पहुँचती थी तो पूरा हाल खनखना उठता था।"

राज़ इलाहाबादी

रात को गिरडीह (बिहार) में मुशायरा था। सुबह सारे शाइर करीब के स्टेशन तक पहुँचने के लिए अपनी-अपनी बसों का इन्तज़ार कर रहे थे। छोटी बस्तियों में चौपाये और दोपाये साथ-साथ चलते हैं। रस्ता चलते हुए कभी-कभी जानवर भी आपस में लड़ते हैं और इंसान भी झगड़ते हैं। ऐसे वक़्त में लड़ने वाले तमाशा करते हैं और सारे लोग अपने कामों को छोड़कर तमाशाई बन जाते हैं। हम जहाँ खड़े थे वहाँ से मुश्किल से दस क़दम पर अचानक धूल का एक बड़ा सा गुबार उड़ा। गुबार से निकलीं आवाज़ें जरूर सुनाई दे रही थीं। हूँ, हूँ, ढिशुम-ढिशुम, धूम-धड़ाम कुछ देर बाद धूल का गुबार बैठा तो दो हाँफते हुए चेहरे दिखाई दिये। एक पसीने में सराबोर[1] नूर इंदौरी थे और दूसरे राज़ इलाहाबादी। राज़, नूर के सीने पर सवार हाथों से करतब दिखा रहे थे और होंठों से लान-तान[2] फरमा रहे थे। दोनों मुतरन्निम और मुशायरों के कामयाब शाइर थे। उस वक़्त दोनों की हाथापाई की वजह एक दूसरे की शाइरी पर कड़ी आलोचना थी। एक कह रहा था तू शाइर-वायर नहीं है। आवाज़ की रोटी खा रहा है। दूसरा पहले की शेरी नावाकिफ़ियत का मज़ाक उड़ा रहा था और तमांचे लगा रहा था।

मुशायरों की रात भर की जगार को बहलाने के सबके अलग-अलग तरीके होते हैं। अपनी-अपनी ज़ेहनी सतहों के मुताबिक ये बहलावे नये-नये गुल खिलाते हैं। कुछ लोग फिलबदीह[3] शेर फरमाते हैं और उन शेरों में नये पुराने शाइरों को निशाना बनाते हैं। कुमार पाशी के नये शेरी मज़मूए (संग्रह) 'ख़्वाब तमाशा' पर एक साहिब अपनी मश्शाक़ी का यों हुनर दिखाते हैं :

1. तर-ब-तर।

2. बुरा-भला।

3. तुरन्त बिना सोचे।

'देहली में कोई ख़्वाब तमाशा दिखाए है,
आबे-रवां पे रख के बताशा दिखाए है।'

दूसरे शाइर 'तहरीक' के मशहूर संपादक और शाइर 'गोपाल मित्तल' पर यों हाशिया चढ़ाते[1] हैं और सबको हँसाते हैं:

'अश्के ग़म से कैसी दलदल हो गयी,
ज़िन्दगी गोपाल मित्तल हो गयी।'

एक शाइर का शौक़ अजीब था। वे जब मुशायरागाह से वापस आते थे तो किसी शाइरा का सैंडिल या किसी शाइर की बयाज़ अपने साथ ले जाते थे और घंटों शाइरा या शाइर की परेशानी से लुत्फ़ उठाते थे। एक दफ़ा हैदराबाद के एक मुशायरे में इसी तरह 'जॉन एलिया' की डायरी गायब हो गयी थी, जो कई महीनों बाद 'अमीर आग़ा' के घर से पाई गयी।

'राज़ इलाहाबादी' और 'नूर इंदौरी' की धींगामुश्ती, मुशायरे के बाद की ऐसी ही एक झाँकी थी। 'दिल लखनवी' की मुशायरों में आमद के बाद जिन शाइरों की मधुर आवाज़ मुशायरों की कामयाबी की ज़मानत समझी जाती थी उनमें एक मशहूर नाम 'राज़ इलाहाबादी' का भी था। खनकती हुई तेज़ तीखी आवाज़ लफ़्ज़ों को घुँघरुओं की तरह एक-दूसरे में पिरोती हुई, जब मिसरे के अन्त तक पहुँचती थी तो पूरा हाल खनखना उठता था और जब इसी तरह पाज़ेब की तरह बजता हुआ पूरा शेर मुकम्मल होता था, तो सारा मुशायरा जगमगा उठता था। आवाज़ का हुस्न लफ़्ज़ों पर सोचने की मुहलत ही नहीं देता था। शेर कैसे भी हों, वे जब तक सुनाते थे, हंगामा मचाते थे। उनकी आवाज़ खुदा की करामात थी जो पाठकों की ज़हानत से ज़्यादा श्रोताओं की श्रवणशक्ति पर असर अंदाज़ होती थी। यही वजह है कि उनकी ग़ज़ल कव्वालों और तवायफ़ों में ज़्यादा लोकप्रिय थी। मुल्क के कई मशहूर संगीतकारों ने उनके कलाम को अपने रेकार्डों में शामिल किया है।

'राज़' मुशायरों के निहायत लोकप्रिय शाइर थे। मुशायरा रोटी-रोज़ी का ज़रिया बन गया था इसलिए उनकी शेरगोई भी मुशायरे के मैयार का एतबार थी। सीधे-साफ, बिना ज़ेहन पर जोर दिये समझ में आने वाले शेर कहते थे और अपने दायरे में महफूज़ रहते थे। कुछ शेर पढ़िये :

'शोला-ए-इश्क़ ने मेराज़े[2]-वफ़ा पाई है,
शम्अ की गोद में परवानों को नींद आयी है।'

1. एक मुहावरा है जिसका अर्थ है—नमक-मिर्च लगाकर बयान करना।

2. सीढ़ी।

'ग़मे हयात ने इतना मुझे सँभाल दिया,
किसी ने दिल भी दुखाया तो हँस के टाल दिया।'

'अब तो दिल नहीं लगता इन परी जमालों में,
हम समा गये कितना आपके ख़्यालों में।'

'हमको छोड़ो न कभी आलमे तन्हाई में,
हम तो लुट जायंगे बस एक ही अंगड़ाई में।'

'राज़' साबिर अली शाह के नाम से इलाहाबाद के एक मुहल्ले बहादुरगंज में 1930 ई. में एक धार्मिक घराने में पैदा हुए। तालीम मदरसे में हुई। इलाहाबाद के बुजुर्गों की सोहबतों का फायदा उठाया और शेरगोई को आवाज़ के सहारे पेशा बनाया। अपने दौर के कई मुकामी उस्तादों को कलाम दिखाया।

आख़िर में हज़रते 'नूह नारवी' की शागिर्दी का ऐलान फरमाया। 'नूह' के शागिर्दों की तादाद बर्रेसगीर[1] में दो हज़ार से कम नहीं थी। 'राज़' उनके आखिरी और सबसे कम उम्र के शागिर्द थे। ये जिन दिनों 'नूह' के शागिर्द हुए वे उस वक़्त सक्ले-समाअत[2] और जौफे-बसारत[3] का शिकार हो चुके थे। खुद 'राज़' के कलाम से भी अंदाज़ा होता है कि उस्तादी-शागिर्दी का रिश्ता शुरुआत की चंद ग़ज़लों की इस्लाह[4] से आगे नहीं बढ़ा होगा लेकिन कलामे उस्ताद की सफाई और ज़ेबाई[5] हमेशा उनकी रहनुमाई करती रही। सलीस[6] लेकिन इकहरे अल्फ़ाज और शोख़ी आमेज अंदाज़ और खूबसूरत आवाज़, मुशायरों की ज़रूरत भी और उस्ताद की रिवायत भी थी।

अपेक्षाकृत छोटी टाँगों पर भारी भरकम धड़, और उस पर फुटबाल जैसा गोल से चेहरे-मोहरे का सर, गाव तकिये के गिलाफ़ की तरह बदन पर कसी हुई शेरवानी, ढीले पायचों का पाजामा जो कमर पर अक्सर ऊँचा-नीचा होता रहता था। जवानी में शेव करते थे। बाद में चेहरे पर दाढ़ी बढ़ा ली थी और सर पर फरानी वज़अ की टोपी चढ़ा ली थी। जिस्म से पहलवान, चेहरे से साहिबे ईमान और आवाज़ से तूफान लगते थे।

---

1. उपमहाद्वीप।
2. ऊँचा सुनने की बीमारी।
3. दृष्टि की कमजोरी।
4. संशोधन।
5. शृंगार।
6. सरल।

आवाज़ की हिफाज़त के लिए नये-नये तरीके इस्तेमाल करते थे। दिन में कई बार नमक के पानी के गरारे करते थे। गरारों के बाद कुछ घड़ियों को बिस्तर पर खामोश लेट जाते थे। इन क्षणों में हर सवाल का जवाब हाथों के इशारों से देते थे या सिर्फ आँखों से मुस्कुराते थे। दिन में कई-कई बार गले के लिए दवाइयाँ लेते थे। जहाँ जाते थे मेजबान या होटल में अपने लिए खाना अलग से बनवाते थे। उसमें ज़्यादातर मौसमी तरकारियाँ होती थी जिनको काली मिर्च, लौंग और प्याज-लहसुन की एक निर्धारित मात्रा के साथ पकाया जाता था। अगर खाने में उनके बताये हुए नुस्ख़े पर अमल नहीं किया जाता था, तो सारा खाना बिना खाये वापस कर दिया जाता था और मेज़बान की ख़िजालत का कारण बनता था।

मुशायरों से पहले, 'राज़' अपनी आवाज़ के जादू को रमज़ान में रोज़ादारों को सेहरी के लिए जगाने के लिए इस्तेमाल करते थे। हर रोज़, वे सेहरी के वक्त, मुहल्ले के तीन-चार नौजवानों के साथ, मशहूर फिल्मी धुनों में, माहे रमज़ान की पवित्रता और रोजों की अहमियत के नये अल्फ़ाज भरकर गाते थे। नखशब जारचूवी की मशहूर फिल्मी कव्वाली, 'आहें न भरी, शिकवे न किये' की तर्ज पर एक गीत यों लिखा गया था।

'रोजे के लिए, सेहरी के लिए, हम तुमको जगाने आये हैं,
हम दीन की रोशन शम्ओं से, तारीकी मिटाने आये हैं।'

'राज़ इलाहाबादी' की आवाज़ और शाइरी दीन का खिदमत से मुशायरों की शोहरत तक आयी थी। मज़हब उनके व्यक्तित्व का हिस्सा था और मुशायरा रोज़गार का किस्सा था। दीन-ओ-दुनिया के मिलन ने उनके मिज़ाज़ को इस तरह ढाल दिया था कि वे ज़िन्दगी के किसी मोड़ पर भी उन असन्तुलनों के शिकार नहीं हुए जिनसे उनके अधिकतर समकालीन बदनाम थे। वे न शराब पीते थे, न शराबियों की सोहबत पसन्द करते थे। कोशिश करके वो हर मुशायरे में, उन शायरों से दूर ठहरते थे, जिनके लिए शराब और शाइरी लाज़िमो-मल्जूम[1] थी। 'राज़' का शेर सुनिये, इसमें उनकी बुर्दबारी[2] और दीनदारी उजागर है:

'शऊरे-सजदा नहीं है मुझको तू मेरे सजदों की लाज रखना,
ये सर तिरे आस्तां से पहले किसी के आगे झुका नहीं है।'

'राज़ इलाहाबादी' 'नूह' साहिब के रिश्ते से मेरे वालिद दुआ डिबाइयवी के उस्ताद भाई थे। वो जहाँ मिलते थे, मुझे भतीजा कह कर ही सम्बोधित करते थे। इस

1. लज्जा, पश्चात्ताप।
2. एक की दूसरे के साथ अनिवार्यता।

रिश्ते के बावजूद उनसे नोक-झोंक भी जारी रहती थी। एक गुशायरे में वे अपनी मशहूर ग़ज़ल, पिला दीजिये, दिखा दीजिये सुना रहे थे और दस्तूर के मुताबिक मुशायरे की छत उड़ा रहे थे। ग़ज़ल जब इस शेर पर पहुँची :

'इक समंदर ने आवाज़ दी,
मुझको पानी पिला दीजिए।'

जब उन्होंने श्रोताओं की दाद के शोर में यह शेर दोबारा सुनाया तो मुझे शरारत सूझी और मैं पानी का गिलास उनके सामने लेकर खड़ा हो गया। श्रोताओं ने यह देख कर जोरदार कहकहा लगाया। राज़ ने मुझे घूरते हुए कहा भतीजे प्यास मुझे नहीं समुंदर को लगी है और स्टेज पर खड़े-खड़े एक शेर कह कर मेरी तरफ इशारा करते हुए पढ़ा :

'ये जो शहर हैं 'शबखून[1]' के,
इनको उर्दू सिखा दीजिए।'

'इस शेर पर मुशायरा और ज़्यादा कहकहाज़ार बन गया।

यह उन दिनों का वाक़िआ था जब मासिक पत्र 'शबखून' में अहतिशाम हुसैन और अमीक़ हनफ़ी के दर्मियान आधुनिकता एवं परम्परा की बहस चारों तरफ बातचीत का विषय बनी हुई थी और ऐसे शेर तन्कीदी हाशियों के साथ छापे जा रहे थे जो एक विशेष वर्ग में सराहे जा रहे थे :

'घुरता क्या है कमीने कुत्ते,
सूंघता क्या है कमीने कुत्ते?'
'एक लड़का था एक लड़की थी,
आगे अल्ला की मर्ज़ी थी।'

'राज' साहिब ने तीर ठीक निशाने पर फेंका था। उनके इस फिलबदीह शेर ने ग़ज़ल में सबसे ज़्यादा दाद हासिल की। इस शेर के बाद वे जैसे ही माइक से हटे, सारा मुशायरा एक आवाज़ में उन्हें फिर से बुलाने की माँग करने लगा। वो फिर से आये मेरी तरफ देखकर मुस्कुराए और पहले की तरह फिर से छा गये। 'राज़' को सैकड़ों मुशायरों का तजुर्बा था। मुशायरों में कामयाब होने के सारे टोटकों से वे वाकिफ़ थे। उन्होंने शेरसाजी से ज़्यादा मुशायराबाजी पर तवज़्जो दी थी और वो ज़िन्दगी भर मुशायरों के हीरो बने रहे। 'राज़' का ताल्लुक 'फ़िराक', 'निराला' और 'अहतिशाम हुसैन' के अदबी शहर से था। इस शहर की अदबी फ़ज़ाओं को उन्होंने किताबी रिवायतों के

---

1. उर्दू की एक मासिक पत्रिका का नाम जो उर्दू में आधुनिकता का प्रतिनिधित्व करती थी।

बजाय अपनी श्रवणता से अपनाया था और उसी से अपनी ग़ज़लों को सजाया था। उनके दो शेरी मज़मूए 'धड़कनें' और 'मंज़िलें' के नाम से प्रकाशित हुए थे। शुरू में वे दुनिया और दीन को साथ लेकर चलते थे। बाद में सिर्फ दीन के हो गये और सिर्फ नात, सलाम और हम्द लिखते थे और जरूरतमंदों को तावीज़ों से फायदा भी पहुँचाते थे :

'चाँद अंगड़ाइयाँ ले रहा है, चाँदनी मुस्कुराने लगी है,
एक भूली हुई सी कहानी फिर मुझे याद आने लगी है।'

❑

कुलभूषण 'साबिर दत्त'

उर्दू का एक गैर-मुस्लिम शदाई

"वह मिस्रे को भारी आवाज़ में शुरू करता था, लेकिन जैसे ही आख़िरी दो लफ़्ज़ों पर आता था, अपनी सीधी टाँग उठाकर जोर से स्टेज पर पटकता था।"

कुलभूषण 'साबिर दत्त'

कुछ लोग अदब के हवाले से जाने जाते हैं और कुछ अपने किरदार की रंगारंगी से अदब में पहचाने जाते हैं। कुलभूषण के 'साबिर दत्त' हो जाने का किरदार ऐसा ही था। वह खोजी, जाहिरदार बेग या इस्मत के दोज़ख़ी[1] की तरह किसी कलम की तख़्लीक[2] नहीं थी अपने किरदार का स्वयं रचयिता था। मुम्बई आने से पहले वह 'साबिर दत्त' बन चुका था। उसने अपने तखल्लुस अपने दौर की दो मशहूर शख्सियतों के नामों से तराशा था। एक था साहिर लुधियानवी, जिनके तखल्लुस में उनके कथनानुसार रोमन लिपि के एच को बी से बदल कर उसने 'साबिर' बनाया था। दूसरे फिल्मों के हीरो 'सुनील दत्त' थे, जिनके सरनेम को उसने 'साबिर' के साथ जोड़ लिया था।

'साबिर' मुम्बई में देहली से आया था। देहली में चंडीगढ़ से और चंडीगढ़ में बचपन की कच्ची उम्र में श्रीनगर से प्रवास करके बसा था। श्रीनगर में उसके वालिद पुलिस अफसर थे जो अपने नाम की वजह से किसी मुस्लिम कबाइली की गोली का निशाना बने थे। छोटी उम्र में यतीम होने की वजह से वह सारी उम्र, जब-जब जहाँ-जहाँ रहा, दूसरों में अपने बाप को ही तलाश करता रहा। यह तलाश का लम्बा सफ़र जो चंडीगढ़ में कश्मीरी लाल जाकिर की कयामगाह से शुरू हुआ था। मुम्बई में 'साहिर' की बिल्डिंग 'परछाइयाँ' में 'साहिर' के देहान्त के बाद उनकी बहन 'सरवर शफ़ीअ' तक आकर ख़त्म होता है। 'सरवर शफ़ीअ' उसकी यतीमी की आखिरी सरपरस्त थी। 'साबिर' ने 'फन और शख्सियत' के अश्आर नम्बर में अपनी इस आखिरी सरपरस्त को यों याद किया है :

1. रतन सरदार के फसान-ए-आज़ाद और इस्मत के शब्द चित्र के पात्र।
2. सृजन, पैदाइश।

'साहिर की बहन आपा 'सरवर शफीअ' ने मेरे इलाज के लिए पैसे का मुँह नहीं देखा। 24 घंटे साथ रही और साठ हजार रुपये मेरी बीमारी पर खर्च कर दिये। आज के नफ़ा नुकसान के जमाने में कौन यह सब किसी के लिए करता है।'

फासलों के शहर मुम्बई में 'साबिर' एकमात्र शख्स था जो विभिन्न इलाकों में बिखरे हुए बम्बई के अदीबों और शाइरों को एक-दूसरे के करीब किये हुए था।

कौन किसके बारे में क्या सोचता है? कौन किससे नाराज़ है? किसकी अपने बारे में क्या राय है? अदब में शोहरत के लिए कौन, कैसे हथकंडे इस्तेमाल कर रहा है? ये सारी मालूमात, उसके जरिये घर बैठे मिलती रहती है। उसकी जान-पहचान का दायरा सरदार जाफ़री, दिलीप कुमार, कमलेश्वर से धर्मवीर भारती तक फैला था।

वह एक ऐसा चलता-फिरता कैमरा था जिसकी पहुँच हर छोटे-बड़े घर में मर्दाने से जनाने तक थी। उसकी इस कार्यप्रणाली से लोग-बाग आप ही एक दूसरे से नाराज़ और खुश होते रहते थे, लड़ते-झगड़ते रहते थे लेकिन अदबी दुनिया से साबिर की लोकप्रियता इन समकालीन उतार-चढ़ाव से प्रभावित नहीं होती थी। वह 'कृष्ण चंदर' से 'जावेद अख़्तर' और 'सरदार जाफ़री' से 'निदा फ़ाज़ली' तक सबका हमराज और अपना था। उसकी इस हरदिल अजीज़ी में उसकी गप्पबाजी की मासूमियत, दूसरों के दुःख-सुख में साथ देने की आदत और गालियाँ खा के बेमजा न होने की शराफत का बड़ा दख़्ल था। वह इन विशेषताओं के आधार पर अदीबों और शाइरों की आदत बन चुका था और इस आदत के छोटे-बड़े सारे अदीब और शाइर शिकार थे।

'साबिर दत्त' अकेला था। न उसके कोई आगे था, न पीछे। सुना था उसकी कोई माँ थी। एक बहन भी थी लेकिन वह कहाँ थी, किस हाल में थी इसकी इत्तिला शायद साबिर दत्त को भी नहीं थी। यह भी मुमकिन है जैसी तंग ज़िन्दगी वह जी रहा था, उसमें रिश्ते-नातों की गुंजाइश निकालना मुश्किल हो लेकिन उसकी तन्हाई दूसरों की तरह अकेली नहीं थी। मुम्बई में हर अदीब का घर उसका घर था। हर शाइर से उसकी रिश्तेदारी थी, उर्दू जुबान से जुड़ा हर शख्स उसका अपना था। उसकी दोस्तियाँ, दुश्मनियाँ, रकाबतें, शिकायतें, दूरियाँ, नज़दीकियाँ सब इसी दायरे में थीं। सलमा सिद्दीकी ने दैनिक 'इंकलाब' में अपने एक मज़मून (लेख) में लिखा था :

'अक्सर लोगों को 'साबिर दत्त' की नीयत पर संदेह होता है। किसी का ख़्याल है कि साबिर दत्त अदीबों को लड़वाता है, कोई कहता है, 'साबिर दत्त' शाइरों को झगड़वाता है, कोई समझता है 'साबिर दत्त' शोहरत के पीछे हाथ धोकर पड़ा है लेकिन ये सब ख्याली बातें हैं 'साबिर' यह सब कुछ नहीं कर रहा। वह तो सिर्फ उर्दू का दीवाना है और यही उसका अफसाना है।'

उसकी दीवानगी का सबूत 'फ़न और शख़्सियत' के वे भारी भरकम नम्बर हैं, जो 'साबिर दत्त' की अकेले की मेहनतों का नतीजा हैं। इन नम्बरों (विशेषांकों) की किताबत, तबाअत, इशाअत से लेकर आर्थिक साधन का प्रबन्ध तक सिर्फ उसी की जद्दोजहद के कारनामे हैं। इन विशेषांकों का सिलसिला जो 'महेन्द्रनाथ' यादगार नंबर (मार्च 1975) से शुरू हुआ था, बाद में 'जां निसार' नम्बर, फ़ैज अहमद फैज़ नम्बर, कमलेश्वर नम्बर, कतील शिफाई नम्बर, गज़ल नम्बर, आपबीती नम्बर, नर्गिस दत्त नम्बर, मक़बूल शोरा नम्बर, अश्आर नम्बर, गणेश बिहारी तर्ज नम्बर (1999) तक निरंतर जारी रहा। 'साबिर दत्त नम्बर' साबिर की जिन्दगी की आखिरी संपादकीय गतिविधि थी। इस नम्बर में हिन्दो-पाक के अधिकांश विश्वसनीय लिखने वालों ने 'साबिर दत्त' की शाइरी और उसकी संपादकीय विशेषताओं को सराहा है।

'ग़ालिब' ने अपने एक खत में बहादुर शाह जफ़र के शाइर होने पर शक-ओ-शुबा का इज़हार किया है। मौलना मुहम्मद हुसैन आजाद भी उनकी राय से सहमत नजर आते हैं। इसके बावजूद जफर की शाइरी उर्दू तारीख का हिस्सा है। 'साबिर दत्त' की शाइरी भी ऐसा ही किस्सा है। उसमें कौन कितना है, जिसका भी जितना है यह बहस अपनी जगह है, लेकिन यह हकीकत है कि उसके नाम से तीन शेरी संग्रह मंसूब हैं। एक देहली में छपा था 'पल दो पल' और बाद में दो 'मौजे-आरिज़' और 'शजर अकेला' मुम्बई में छपे थे। इन मज्मूओं में कई रंग और विधाओं की बहार है। ग़ज़ल, नज्म, कतआत और नस्री नज़्म, आज़ाद नज़्म। इनमें वह कहीं रिवायत का पासदार नजर आता है, कहीं जिद्दत का तरफदार नजर आता है। उसका अपना कोई लहजा या रंग नहीं है लेकिन वह हर अन्दाज़ में अपनी आवाज़ ढालने के हुनर से वाकिफ़ महसूस होता है। कहीं इसमें जां निसार नजर आते हैं कहीं नियाज़ हैदर के लफ़्ज जगमगाते हैं, कहीं निदा फ़ाज़ली के जदीद अन्दाज़ लहराते हैं और कहीं दूसरे जाने-अनजाने अपने तेवर दिखाते हैं। लेकिन छपने के बाद सब उसके नाम से जाने जाते हैं।

सहने-गुलशन में ले न अँगड़ाई
आ रही है बहार आने दे

जिक्र जब भी किसी महफिल में छिड़ा है अपना
अजनबी बन गये और जा के अलग बैठ गये

पढ़ रहे हैं नमाज़ वो ऐसे
जैसे सिज्दा, ख़ुदा, ख़ुदा को करे

गाँव से शहर नया था लेकिन
सारे दुख दर्द पुराने निकले

मुफ़लिसी है जब तलक संसार में
खूं नजर आएगा रोज अख़बार में

'फन और शख़्सियत' के साबिर नम्बर में 'शम्सुर्रहमान फारूकी' ने 'साहिर' और 'साबिर' की दो हममोंज़ूअ[1] नज़मों का तुलनात्मक जायज़ा लेते हुए लिखा है: 'साबिर' की नज़म (ताजमहल) साहिर की नज़म पर एक तरह की व्यंग्यात्मक अथवा कटाक्षात्मक समीक्षा मालूम होती है। साबिर का बयानिया (कथानक) साहिर की अपेक्षा आधुनिक ज़िन्दगी से करीबतर और दर्दनाकतर है।''

शायद इसी हिम्मत अफ्जाई के ज़ौम[2] में चंडीगढ़ के एक मुशायरे में उसने सरदार जाफ़री को खामोश कर दिया था। हुआ यूँ, 'साबिर' ने माइक पर जैसे ही नज़म का शीर्षक 'ताजमहल' बताया 'जाफ़री' साहिब ने उसे टोकते हुए कहा—'भई कोई और नज़म सुनाओ ताज़महल पर तो 'साहिर' की बहुत अच्छी नज़म है।' साबिर का जवाब था, जी हाँ, मैं उसी के मुकाबले में अपनी बेहतर नज़म पेश कर रहा हूँ। 'साबिर' की बेबाकी ने महफिल में नयी हरारत पैदा कर दी। और सरदार जाफ़री को देर तक ख़ामोश कर दिया। अपने सीनियर्स के साथ साबिर का इस तरह का व्यवहार आम था।

'साबिर' से उसका कलाम सुनने का पहला इत्तेफाक मुझे इंदौर के एक मुशायरे में हुआ था, जहाँ वह 'जां निसार अख़्तर' के साथ आया था। एक बुजुर्ग सरदार निहायत ख़ूबसूरत लहज़े में संचालन कर रहे थे। 'साबिर' को बुलाने के लिए उन्होंने उसके परिचय में जो जुम्ले बोले थे उनमें आख़िरी जुम्ला था – 'साबिर दत्त मशहूर अदाकार सुनील दत्त के भाई भी हैं। साबिर उस वक़्त जिस आलम में था, उसमें वह मुशायरे में होते हुए भी कहीं और था। अपना नाम सुनते ही वह कहीं और से सीधा माइक पर आया और शेर पढ़ने से पहले यूं गोया हुआ। सरदार जी ने गलत कहा, मैं सुनील का भाई नहीं हूँ, वो मेरा भाई जरूर है। वह फिल्म अदाकार है और ख़ादिम कलम का फ़नकार है। उसके बाद उसने कुछ रूमानी क़तआत सुनाए। उनमें एक इस तरह था :

हम जो काफिर हैं सबकी नजरों में
सीढ़ियाँ मस्जिदों की चढ़ते हैं
कौन जाने तू मिल ही जाए हमें
आज हम भी नमाज़ पढ़ते हैं।

उसके पढ़ने का अन्दाज़ कुछ अजीब सा था। वह मिस्रे को भारी आवाज़ में शुरू करता था, लेकिन जैसे ही आख़िरी दो लफ़्ज़ों पर आता था, अपनी सीधी टाँग उठाकर

1. समान विषय की।
2. गद्यात्मक।

जोर से स्टेज पर पटकता था। क़तओ के तीन मिस्रे इस तरह अदा करने के बाद जब वो चौथा मिस्रे के लफ़्ज 'पढ़ते हैं', पर आकर टाँग उठा ही रहा था, तो करीब बैठे एक साहिब ने उसकी टाँग पकड़कर उसे इस अमल से रोकना चाहा तो उसके पढ़ने की रवानी अचानक हकलाहट में बदल गयी और वह खामोश होकर अपनी जगह बैठ गया। उन साहिब ने स्टेज के तख़्त पर, पाँव के निरन्तर पटकने से जो खट-पट हो रही थी, उसे रोकने के लिए ऐसा किया था, उन्हें शायद मालूम नहीं था साबिर के लिए यह अमल लफ़्जों की अदायगी के लिए कितना ज़रूरी था? यह हकलाहट शायद बचपन के एक खूनी हादसे की वजह से (जिसका वह चश्मदीद गवाह था) शुरू से उसके साथ थी। उस हादसे ने साबिर को तमाम उम्र बचपन की सरहद से बाहर नहीं निकलने दिया। वह ज़िन्दगी भर डरा-सहमा बच्चा ही रहा। उसकी नाराज़गियाँ और खुशियाँ उसी उम्र के रूठने और मनाए जाने की तरह की थीं। मुझसे नाराज़ हुआ तो मेरे ख़िलाफ़ एक नस्री नज़म लिख दी और शहर में सबको सुनाता फिरा। जब बुखार ठंडा हो गया, तो फिर से पहले की तरह हो गया। यही रवैया उसका 'मजरूह सुल्तानपुरी' के साथ रहा। ग़ज़ल नम्बर में उसने अपने संपादकीय नोट 'पढ़ने वालों के नाम' में 'मजरूह' से अपनी नाराज़गी का इज़हार इस तरह किया – 'मजरूह साहिब के कहने पर, ग़ज़ल नम्बर में 'ग़ालिब' की पाँच ग़ज़लें हैं और 'मजरूह' साहिब की दस हैं। पर्चा छपने के बाद उन्हें ज़रूर शर्मिंदगी होगी।'

'शम्सुर्रहमान फारूकी' ने उसकी नज़म 'ताजमहल' की तारीफ़ की तो बहुत खुश था, फिर न जाने किस बात पर नाराज़ हुआ कि 'मक्बूल शोरा नम्बर' के समर्पण में लिखा था।

' 'फारूकी' और 'वज़ीर आगा' के नाम जिन्होंने खुद भी गुँजलक, सपाट और बेकैफ़ शाइरी की और अपनी पत्रिकाएँ 'शबखून' और 'औराक' में अपनी ही ढंग के शाइरों की हौसला अफ़्ज़ाई करके उर्दू शाइरी को ख़राब किया।'

'वजीर आगा' का मज़मून भी 'साबिर' की तारीफ़ में साबिर दत्त नम्बर में शामिल है। ऐसा ही रवैया उसका दूसरों के साथ भी था।

'साबिर' अपने रंग-ढंग का अद्वितीय व्यक्तित्व था। पत्रकारिता से उसका ताल्लुक देहली से था, जहाँ वह देवनागरी में एक मासिक पत्र निकालता था। मुम्बई में साहित्यिक पत्रकारिता से उसकी दिलचस्पी दीवानगी की हद तक बढ़ गयी थी। वह रात-दिन उसी में खोया रहता था। उसने शादी की न अपने लिये किसी रिहाइश का इंतजाम किया। यूँ भी नहीं है, उसने कभी किसी से मोहब्बत ही न की हो।

'साहिर' की तरह उसकी ज़िन्दगी में भी कई नाकाम मोहब्बतें शामिल हैं। इनमें से दो को तो काफ़ी शोहरत भी मिली। एक कलकत्ते की महिला थी, जो 'फ़न और

शख़्सियत' पर सम्पादक की हैसियत से उसका नाम देखकर पत्र व्यवहार करने लगी थी। वह पत्र व्यवहार बहुत जल्द ही महजबी से 'तुम्हारी झब्बो' और 'साबिर दत्त' से प्यारे 'सब्बो जी' बन गयी थी। यह रिश्ता उस वक़्त खत्म हुआ जब दो-चार खतों के बाद 'साबिर दत्त' के हाथ की लिखावट अचानक बदल गयी। 'साबिर दत्त' कभी खुद नहीं लिखता था। उसके लिए लिखने का काम हमेशा दूसरे करते थे। बार-बार बदलते हुए हैंड राइटिंग पर लड़की को शक हुआ और उसने अपना आख़िरी मोहब्बतनामा एक पार्सल के रूप में भेजा, जिसमें एक टूटी हुई हवाई चप्पल थी।

उसकी दास्तान में दूसरा किरदार 'साहिर' की मामूंजाद (ममेरी) बहन अनवर सुल्ताना था, जिसने 'साहिर' की मौत के बाद (साबिर) के रहने के लिए 'परछाइयाँ' में एक कमरा दे रखा था। यह कमरा कुछ ही दिनों में अपने रात-दिन की खिदमतों की वजह से पूरा मकान बन गया था। अनवर से उसकी शादी की खबर शहर में गश्त करने लगी थी। 'राही मासूम रज़ा', 'सलमा सिद्दीकी' और 'साबिर' के दूसरे शुभचिंतक इस नेक काम की तैयारियों में थे कि अचानक वह एक जानलेवा मर्ज से ग्रसित होकर रूख़्सत हो गयी। 'साबिर' का शेर है :

'मुद्दतों बाद उठाये थे पुराने काग़ज़,
साथ तेरे मिरी तस्वीर निकल आयी है।'

'साबिर' का कलाम कई सिंगर्स ने अपने कैसेटों में शामिल किया है। जगजीत सिंह की आवाज़ में उसकी एक नज़म, 'एक नजूमी ने कहा है कि ये साल अच्छा है' काफ़ी लोकप्रिय हुई थी।

हाथ में चमड़े का एक बैग, बदन पर 'साहिर' के स्टाइल की नेहरू कट बास्कट, होंठों में आठों पहर पाइप और बात-बात पर अदीबों और शाइरों के लतीफ़ों पर कहकहा लगाता और साहिर की क़ब्र पर हर बृहस्पतिवार को फूल चढ़ाता यह उर्दू का गैर-मुस्लिम शदाई अचानक एक शारीरिक मर्ज़ का शिकार होकर देखते-देखते आँखों से ओझल हो गया। श्मशान में अदीबों, शाइरों और बहुत से दूसरों की भीड़ में माथे पर बिंदिया लगाये एक अधेड़ महिला भी थी, जो सबसे दूर बैठी लगातार रो रही थी। वह 'साबिर दत्त' की बहन थी, जो तकरीबन चालीस साल के बाद अपने भाई का चेहरा देखने पंजाब से आयी थी।

'कोई नहीं जब मिलने आया,
हमसे मिलने आये आँसू।'

□

शायरे-वतन

फ़य्याज़ुद्दीन फ़य्याज़

वतन की मोहब्बत को शायरी में पेश करने वाला शाइर

"उनकी बुलन्द आवाज़ देशभक्ति, ब्रिटिश हुकूमत को नहीं भायी, और इस जुर्म में आज़ादी तक उन्हें दफ़्तरी तरक़्क़ियों से महरूम कर दिया गया।"

शायरे-वतन : फ़य्याज़ुद्दीन फ़य्याज़

मौहम्मद फ़य्याज़ुद्दीन अहमद ख़ाँ 'फ़य्याज़' 21 अक्टूबर, 1906 ई. में शिवपुर जिले के एक क़स्बे कोलारस में पैदा हुए जो उन दिनों सिंधिया की रियासत का हिस्सा था। वे उसी रियासत से अपने तख़ल्लुस के साथ ग्वालियरी लगाते थे। ग्वालियर की साहित्यिक वंशावली शाह मुबारक आबरू (1700 से 1750) से शुरू होती है। वो मिर्ज़ा जाने-जानां के समकालीन थे। दोनों की मुआसिराना चश्मक[1] के ताल्लुक़ से 'आबे-हयात' में दो शेर दर्ज हैं। आबरू की एक आँख में कुछ ख़राबी थी। उसी पर कटाक्ष करते हुए जाने-जानां का एक फ़हश (अश्लील) शेर इस तरह है:

'आबरू की आँख में इक गाँठ है,
आबरू सब शाइरों की .... है।'

इसके जवाब में 'आबरू' ने भी इसी लहजे को अपनाते हुए उनके बारे में कहा :

'क्या करूँ हक़ के किये को, कोर मेरी चश्म है,
आबरू जग में है तू, तो जाने-जानाँ पश्म है।'

'मीर हसन', 'मुस्हफ़ी' और 'फ़तह अली' वग़ैरह ने अपने तज़्किरों में उनकी प्रशंसा की है। रामबाबू सकीना ने 'तारीख़े-अदबे-उर्दू' में उनके बारे में लिखा है। 'शाह आबरू क्लासिकल[2] शाइरों में इस्तेआरात[3] और ईहाम[4] के बादशाह हैं।' 'आबे हयात' में उन्हें 'वली' के बाद दूसरे शाइर की हैसियत से पेश किया गया है।

1. समकालीन नोंक-झोंक।
2. अगले जमाने के।
3. रूपकों।
4. एक अर्थालंकार जिसमें शब्द के दो अर्थ होते हैं।

'फ़य्याज़' ने जब होश सँभाला उस वक़्त ग्वालियर 'मिर्ज़ा दाग़' और 'अमीर मीनाई' के शागिर्दों की शाइरी से रोशन था। इनमें नारायण प्रसाद 'मेहर', 'हुबलाल राद' (दाग़ के शागिर्द) और 'मुज़्तर ख़ैराबादी' (अमीर मीनाई के शागिर्द) का अपने दौर के उस्तादों में शुमार था। काव्य-विधाओं में ग़ज़ल हावी थी और पूरा शेरी मिज़ाज रिवायत की विरासत से इबारत था। इस शेरी रिवायत (काव्य-परम्परा) से इनकार की जो आवाज़ें उस अहद में उजागर हुईं, उनमें 'जां निसार अख़्तर', 'रज़ा क़ुरैशी' और 'फ़याज़ ग्वालियरी' के नाम अहम हैं। जां निसार अख़्तर, अलीगढ़ से तालीम पूरी करके आये थे। 'फ़याज़' ने ग्वालियर से बी.ए. किया और शब्द और अर्थ के बदलते रिश्तों का साथ दिया। उनकी ग़ज़ल और नज़्म पर 'हाली' के इस्लाही गुदाज़ और 'जोश' के पुरशोर अल्फ़ाज़ का असर था, लेकिन ग्वालियर के साहित्यिक माहौल में वे इसी असर की वजह से लोकप्रिय थे।

'फ़याज़' नस्ल से अफ़ग़ानी थे। सत्रहवीं सदी की आख़िरी दहाइयों (दशकों) में काबुल में एक क़बीला जो मुल्ला अहमद ख़ाँ के मार्गदर्शन में हिन्दुस्तान आया था। वो उनके इतिहास के पहले बुज़ुर्ग थे। वो एक फ़ौजी सरदार थे। जंगी हथियारों से इस ख़ानदान का जुड़ाव बाद की तीन नस्लों तक लगातार जारी रहा। फ़याज़ के वालिद भी अपने वालिद और दादा की तरह ग्वालियर की फ़ौज में अहम ओहदेदार थे।

'फ़याज़' मिज़ाज से परम्परा तोड़ने वाले थे। उन्होंने अपने शेरी रवैये की तरह ख़ानदानी पेशे की भी अवहेलना की और सिविल सर्विस को रोज़गार का साधन बनाया। सिंधिया लैंड रिकार्ड के शोबे[1] में क्लर्की से शुरुआत हुई और एडिशनल सर्वे ऑफ़िसर, मध्यप्रदेश के ओहदे से रिटायर हुए।

लेकिन इस परम्परा के खंडन के बावजूद, 'फ़याज़' की नस्ली प्रतिष्ठा तीन पीढ़ियों का फ़ासला तय करके भी उनमें ताज़ा दम थी। उनके कसरती बदन, चेहरे के खड़े नक़्श, भूरी आँखें, भारी आवाज़, बात-बात पर नाराज़ होने के अन्दाज़, उनकी हिन्दुस्तानियत में धुँधलाती अफ़ग़ानियत के हवाले थी।

गर्दन तक बंद जोधपुरी कोट, सर पर ऊँची बाढ़ की सफ़ेद फ़र्र की तिरछी टोपी, चाल में हिचकोले खाता बदन, बग़ल में तेल पिया हुआ दो फ़ुट का डंडा लिये वे शहर में जब भी नज़र आते, आप ही आप कभी त्यौरियाँ चढ़ाते दिखाई देते, कभी यूँ ही मुस्कुराते नज़र आते। रास्तें में सलामों और नमस्कारों से बेनियाज़ उनकी मंज़िल, जो घर से निकलने से पहले तय हो जाती थी, दरमियान में कहीं ठहरने की क़ायल नहीं थी। नपे-तुले क़दमों की इस रफ़्तार में थोड़ी सी तब्दीली उस वक़्त नज़र आती थी, जब कोई

1. विभाग अंकित।

शेर मुकम्मल होकर उनके हाथों में लहराता था, या दूर से किसी हलवाई के दूध का कड़ाह उन्हें आवाज़ लगाता था। वे दूध, मिठाई और मेवों के बहुत शौक़ीन थे, और बढ़ती उम्र के बावजूद तबीअत से रंगीन थे।

'फ़य्याज़ ग्वालियरी' मेरे विद्यार्थी काल में शहर में मशहूर और प्रतिष्ठित शाइर थे। मैं जब उनसे मिला, वो नौकरी से आज़ाद होकर सड़क किनारे एक दो मंजिला मकान में अकेले रहते थे। उनके दोनों साहिबज़ादे अपनी मुलाज़िमतों के इलाक़ों में जा चुके थे। मैं अक्सर उनके घर जाया करता था। उस घर में उनके अलावा अब दीवारों पर टँगी हुई वो तस्वीरें थीं, जो काग़ज़ी होते हुए भी दिन भर और रात को देर तक चलती-फिरती थीं और बोलती रहती थीं। उन तस्वीरों से उनकी बातचीत लगातार जारी रहती थी। कभी ये तस्वीरें उनसे बोलती थीं और जब ये बोल-बोल कर थक जाती थीं तो 'फ़याज़' साहिब उनके बारे में बोलने लगते थे।

'कुछ मिरे दिल ने बनाया कुछ निगाहों ने दिया,
वरना इस दुनिया में क्या था, कुछ न था मेरे लिए।'

'ज़र्रे-ज़र्रे पर मिरे सज़दे की मोहरें सब्त[1] हैं,
इश्क़ ने काबे बनाए जा-ब-जा मेरे लिए।'

उनके साथ एक बड़ा अर्सा गुज़ारने के बाद भी ये तस्वीरें उनके लिए पुरानी नहीं हुई थीं। उनमें छुपी ख़ुशियाँ और ग़म उनकी तन्हाइयों में आबादियाँ जगाए हुए थीं। इनकी वजह से ही वो पूरे मकान में अकेले होने के बावजूद अकेले नहीं लगते थे। उनका माजी हर समय उनके साथ था।

'ये मेरी बेगम हैं, बहुत नेक औरत थीं। ग्वालियर के मशहूर चित्रकार दाऊद की बेटी थीं। ख़ुदा के घर की ज़ियारत करने गयी थी। बैतउल्लाह[2] के हुस्नों जमाल ने ऐसा जादू किया कि अपने दो बेटों के बढ़ते शबाब और मेरे सर पर चढ़ते ख़िज़ाब को भूल कर, जिसके घर से आयीं थीं, हमेशा के लिए उसी के पास चली गयीं, ख़ुदा उन्हें जन्नत नसीब करे।'

'हर शख्स का इतरा के बराबर से निकलना,
ऐसे में अखरता है तिरा घर से निकलना।
मैं आऊँगा झोंको में नसीमे सेहरी के,
तुम भेस में खुश्बू के गुले तर से निकलना।।'

---

1. लिखी हुई।
2. ईश्वर का घर।

'और ये जो लम्बी दाढ़ी वाले हैं, ये जगतगुरु शंकराचार्य हैं, इन्होंने मुझे 'सद्धर्म रत्न' के सम्मान से सम्मानित किया है और इनके बराबर सुनहरे फ्रेम वाली तस्वीरें छोटी सी दाढ़ी वाले, राष्ट्रपति डॉक्टर जाकिर हुसैन हैं। बड़ी काबिलियतों के मालिक थे। मेरी शाइरी की वजह से मुझ पर बहुत मेहरबान थे। देखिये मेरी गर्दन में किस मोहब्बत से हाथ डाले हुए हैं। इस तस्वीर के नीचे जो इबारत है वह उन्हीं के हाथ से लिखी हुई है.. फरमाते हैं।'

'फ़य्याज़' साहिब का कलाम वतनी और राष्ट्रीय विषयों पर है। अक्सर देखा गया है कि विषय के ऐसे निर्धारण से शाइरी फीकी-फीकी हो जाती है। मगर इसमें रस है, सच्चाई है और इसलिए दिलनशीन है। फिर प्रस्तुतीकरण में भी परिपक्वता है।

जाकिर साहब की बगल में राजेन्द्र प्रसाद के दायीं जानिब मुल्क के मशहूर कहानीकार और ऊँचे दर्जे के हकीम कौसर चाँदपुरी हैं। एक दिन इलाज के लिए उनके यहाँ गया। मेरा कलाम सुना, तो दवाई के पैसे तक नहीं लिये और नुस्ख़े के काग़ज़ पर ही मेरी शाइरी के ताल्लुक़ से यह भी राय लिख दी। इस राय को मैंने तस्वीर के नीचे ही चिपका दिया है। सुनिये कहते हैं—'फ़य्याज़' साहिब! नज़्म से गहरी मुनासिबत रखते हैं, उनकी अक्सर नज़्मों में तरक्कीपसंदी, बयान की सच्चाई, दर्शन की गहराई और फ़िक्रोख़्याल की परिपक्वता के बेहतरीन नमूने मिलते हैं।

इन्हीं तस्वीरों में, वो एक में ऐनी आपा के साथ खड़े थे। ज्ञानपीठ विजेता लेखिका—इस तस्वीर में यह मिस हैदर के साथ बैठे थे। दूसरी तस्वीरों के विपरीत इसके नीचे कोई इबारत नहीं थी। इसकी वजह पूछने पर उन्होंने फ़रमाया। अजीब औरत हैं। मैंने अपना नया संकलन 'वतन' इनकी राय जानने के लिए भेजा था, इन्होंने मेरी गुज़ारिश को बैसाखी से ताबीर किया लेकिन मैंने उनकी तस्वीर यहाँ रख कर इन्हें सम्मान दिया। ये अपनी-अपनी तहज़ीब है।

'हाथों में लिये जुल्फ खड़े हैं वो ख़फ़ा से,
चितवन से टपकता है कि लड़ते हैं हवा से।'

'फ़य्याज़' साहिब अरबी, फ़ारसी और अंग्रेजी में अच्छी महारत रखते थे। ग्वालियर के पारम्परिक माहौल में क़ौमी और वतनी नज़्मों की तरफ़ उनका रुझान, उस दौर में उनकी जिद्दतपसंदी की दलील थी। हाली और आजाद की तर्ज़ में प्राकृतिक दृश्यों और समाज का चित्रांकन और जोश के अंदाज़ में क़ौमी और इंक़लाबी नज़्में, उनके शेरी रवैये की नुमाइन्दगी करते हैं। ज़बानो-बयान की मश्शाक़ ज़ेबाई और ज़मीनी इमेजेज़ की रानाई उनका हुस्न है, जो सपाट और बयानिया लहज़े के बावजूद पाठकों का ध्यानाकर्षित करता है। उनकी नज़्म 'बसंत रुत' के प्रारंभिक पद हैं :

'हुई पहली किरण सूरज की यूँ रक्साँ हिमाले में,
पुजारिनै कोई सुबह दम आये शिवाले में
गुलाबी सर्दियाँ आयीं हवा में नर्मियाँ आयीं
सुनहरी साअतें लेकर बसंती गर्मियाँ आयीं
सुनहरी रंग छाता जा रहा है कोने-कोने में
ज़मर्रूद[1] जिस तरह हल कर रहा हो कोई सोने में ।'

उनके यहाँ वतन दोस्ती का तसव्वुर शाइराना और महफ़िलाना था। उसमें तहज़ीब और तारीख़ की तहदारियाँ कम थीं। इनमें जोश जैसी लफ्फाजी थी :

'मानूस हैं जो ख़ित्ता[2]-ए-हिन्दोस्तां से हम
जन्नत में भी न जायेंगे उठकर यहाँ से हम।'
'हम मिटे भी तो जन्नत निशां हो गये,
ज़र्रा-ए-ख़ाके हिन्दोस्तां हो गये।'
'बड़े ऊँचे गये दैरो-हरम के पूजने वाले,
जहाँ मैं था वहीं की ख़ाक लेकर चूम ली मैंने।'

उनकी बुलन्द आवाज़ देशभक्ति, ब्रिटिश हुकूमत को नहीं भायी, और इस जुर्म में आज़ादी तक उन्हें दफ़्तरी तरक्क़ियों से महरूम कर दिया गया। उनके जूनियर उनके सीनियर बनकर कहीं से कहीं पहुँच गये, लेकिन वे जहाँ से शुरू हुए थे, वहीं पड़े रहे। 'फ़याज़' साहिब सरकारी कर्मचारी होने के बावजूद, अपनी शाइरी के माध्यम से आज़ादी की लड़ाई का साथ निभाते रहे। लेकिन आज़ादी मिलने के बाद जब उनकी कुर्बानियों को आशा के अनुसार सरकारी स्वीकृति नहीं मिली, तो वे गिलामंद हो गये। इस गिलामंदी का इज़हार वे आख़िरी दम तक अख़बारों में ख़त लिखकर या शासन के शीर्ष लोगों को अपनी समस्याएँ भेजकर करते रहे, लेकिन उनकी यह सारी जद्दोजहद कमरे में टँगी चंद तस्वीर और उनके नीचे चिपके बयानों तक ही सीमित रही। इनसे आगे नहीं बढ़ी। बोलते-बोलते अब इन तस्वीरों की आवाज़ें भी बैठ गयी थीं।

'फ़य्याज़' साहिब शाइर होने के साथ-साथ अच्छे अनुवादक थे। अपनी कई नज़्मों के उन्होंने अंग्रेजी में अनुवाद किये थे, जो कई स्थानीय और बाहरी पत्रिकाओं में छपे थे। 'अमीर खुसरो' की चयनित रूबाइयों पर आधारित उनकी एक अंग्रेज़ी किताब 'इंडिया एज सीन बाय खुसरो' जयपुर के एक विभाग, हिस्ट्री रिसर्च डिपार्टमेंट ने प्रकाशित की थी। 'फ़य्याज़' साहिब का एक शेर है :

1. एक रत्न, पन्ना।
2. क्षेत्र, प्रदेश।

'अब भी तो वही कज कुलही[1] है तेरी फ़य्याज़,
ताने हुए सीना उसी तेवर से निकलना।'

'फ़य्याज़' घर से बाहर अपने इसी अन्दाज़ के लिहाज़ से लोकप्रिय थे। अपने दोस्तों की बेटियों को शौक़िया अंग्रेज़ी पढ़ाना, उनके लिए क़लम, काग़ज़ और किताबें ख़ुद ख़रीदकर लाना और कभी-कभी उनके साथ कॉलिज या स्कूल तक जाना और साथ-साथ जेब से निकालकर काजू या बादाम चबाना उनके इसी अन्दाज़ के तेवर थे। उनके इन तेवरों की वजह से इन लड़कियों के हम उम्र लड़के उनसे ख़फ़ा भी रहते थे। कभी-कभी उनकी यह नाराज़गी शेरी नशिस्तों और स्थानीय शाइरों में ज़्यादा स्पष्ट हो जाती थी। 'फ़य्याज़' साहिब के पढ़ने का अन्दाज़ भी उनके व्यक्तित्व की तरह दूसरों से जुदा था। लेकिन ग़ज़ल के लिए तरन्नुम को ज़रूरी समझते थे और उसी की वजह से पाँच शेरों की ग़ज़ल में कम से कम दस-बारह बार श्रोताओं से उलझते थे। तहत में आवाज़ भारी और गरज़दार थी, लेकिन आवाज़ इस तेजरफ़्तारी से शब्दों को फलाँगती गुज़रती थी कि महफ़िल में हर श्रवणता (कान) अपनी सुनने की सुस्तरवी पर अफ़सोस करती थी। लेकिन इसके बावजूद जब वे शुरू हो जाते थे, तो ग़ज़ल हो या नज़्म उसे मुकम्मल करके ही अपनी जगह पर वापस जाते थे। 'फ़य्याज़' साहिब पांबदी से शेर कहते थे।

उनका यह काव्य अभ्यास आख़िर तक इसी तरह जारी रहा। उनकी ग़ज़लों और नज़्मों के कई संग्रह तैयार थे। इन्हें वे छपवाना चाहते थे, लेकिन उम्र ने उन्हें इसके लिए मोहलत नहीं दी।

7 अगस्त, 1980 चार बजे हमेशा की तरह अकेले घर में, नमाज़े फ़ज्र (सुबह की नमाज़) के लिए उठे और वुज़ू करने के लिए जैसे ही गैलरी में गये, अँधेरे में पैरों का सन्तुलन बिगड़ गया और वे चौदह फुट नीचे गिर पड़े और फिर दो-ढाई साल कई टूटी हुई हड्डियों का अज़ाब झेलकर 74 साल की यह पुरकशिश भरी दास्तान अचानक ख़ामोश हो गयी।

'क्यूँ मेरी ख़ाक से कोई दामन कशाँ है अब,
दामन पकड़ के रोकने वाला कहाँ है अब।'

बीमारी के दिनों में उन्हें अपनी पत्नी ज़्यादा याद आने लगी थी। अब वो तस्वीरों से कम बोलते थे, अपने ख़्वाब ज़्यादा बयान करते थे, इन ख़्वाबों में बड़ी तादाद उन ख़्वाबों की थी, जिनमें उनकी बेगम उनसे मिलने आती थीं और उनकी देख-रेख करती थीं।

□□

1. बांकपन।